KB052804

아무도 **남을** 돌보지 **마라**

아무도 남을 돌보지 마라

엄기호 지음

2009년 5월 15일 처음 찍음
2016년 5월 10일 네 번 찍음

펴낸곳 도서출판 낮은산 | 펴낸이 정광호 | 편집 정우진 | 제작 정호영
디자인 박대성 | 사진제공 토토이즈
출판 등록 2000년 7월 19일 제10-2015호
주소 서울시 마포구 독막로9길23 아덴빌딩 3층
전자우편 littlemt2001hr@gmail.com | 블로그 www.littlemt.com
전화 (02)335-7365(편집), (02)335-7362(영업) | 전송 (02)335-7380
인쇄 · 제판 · 제본 상지사 P&B

ISBN 978-89-89646-56-3 03900

아무도 남을 돌보지 마라

인문학의 눈으로 본 신자유주의의 맨얼굴

엄기호 지음

낮은산

2012년 새로 찍으며

신자유주의만 극복하면 모든 문제는 해결될까?

이 책을 쓰고 3년이라는 세월이 흘렀다. 다른 나라가 수백년에 걸쳐 이룩한 근대화를 단 50년에 압축적으로 달성한 나라답게 한국은 지난 3년간 엄청난 변화를 겪었다. 그 가운데서 이 책과 관련해서 가장 큰 변화는 신자유주의가 누구나 일상적으로 사용하는 말이 되었다는 점이다. 심지어 초등학교 고학년이나 중학교에서 수행평가를 할 때도 심심찮게 쓰인다고 한다. 처음 신자유주의를 공부하고 사람들에게 그 실상에 대해 말하고 다닐 때와 비교하면 격세지감이 느껴진다.

더구나 신자유주의의 값어치는 지난 3년간 드라마틱한 변화를 겪었다. 한동안은 유일무이한 경제 이론으로서 그 위치가 확고했던 신자유주의는 동네북 신세가 되었다. 실업률이 오르거나 양극화가 심화되는 것은 물론이고 학교 폭력 문제도 이제는 모두 다 신자유주의 탓이 되고 있다. 극소수 골수분자를 제외하고는 신자유주의가 문제가 많은 체제라는 점에 대해서는 아무도 부정하지 않는다.

그래서 나온 구호가 99%와 1%의 대비다. 2012년 총선과 대선을 앞두고 길거리에 걸린 현수막을 보면, 신자유주의에 의해 초래된 양극화를 극복하는 것이 좌와 우, 진보와 보수를 가리지 않는 가장 절박한 정치적 구호임을 실감할 수 있다. 1%에게는 보다 많은 책임을 지게 하고 99%에게는 복지를 제공하여 현 상황을 타개하겠다는 것이다. 정도의 차이는 있지만 보수 정당에서 '진보' 정당에 이르기까지 문제점에 대한 인식과 해결 방법으로서 복지에 대한 공감은 형성되어 있는 편이라고 할 수 있다.

워낙 신자유주의가 괴물 같은 체제이기 때문에 사회의 많은 문제가 신자유주의에 의해 비롯되었다는 점은 부정할 수 없는 사실이다. 위에서 예를 든 학교 폭력도 마찬가지다. 직접적인 연관성은 없을 수도 있지만, 교사들의 말에 따르면 1997년 외환위기 이후에 가족이나 지역 사회 같은 학생들을 둘러싼 삶의 조건에 돌이킬 수 없는 변화가 생긴 것은 확실하다. 학생들 자신도 삶이 얼마나 불안한 것인지를 일찍부터 예감하고 있다. 여기에 더하여, 교육이 점점 더 무한경쟁 위주로 바뀌어 감으로써 학생들 사이의 '동료성'은 파괴되고 교사들은 점점 더 학생들에게 집중할 수 없게 된 것도 신자유주의와 분명 연관이 있다.

그럼에도 불구하고 경제적 현상으로서가 아니라 일상을 지배하는 원리로서 신자유주의의 폐해와 위험성을 지적했던 사람으로서 '너도 나도 신자유주의' 혹은 '이것도 저것도 신자유주의 탓'으로 돌리는 현재 상황은 조금 당혹스럽다. 너무 헐렁헐렁하게 신자유주의라는 말을 사용함으로써, 오히려 문제의 복잡함을 놓치고 '반신자유주의'가 그저 정치적 프로파간다로 전락하고 있는 것은 아닌지 우려가 들기 때문이다. 어떤 문제에 대한 진단이 정치적 선전이 되어 버리는 순간, 우리는 자신에게 무슨 일이 어떻게 벌어지고 있는지에 대한 꼼꼼한 관찰과 이해를 건너뛰어 버리게 된다.

더구나 우리가 직면하고 있는 많은 문제에서 신자유주의가 유일무이한 원인인 것은 아니다. 특히 2011년 전 세계를 충격으로 몰아넣은 후쿠시마 원전 폭발 사태는 신자유주의를 넘어 근대 문명 자체에 대한 반성을 우리에게 촉구하고 있다. 경제성장이 기반이자 목적이자 동력이 된 사회를 비판하고 반성하지 않는다면, 후쿠시마 이후를 살아갈 준비가 제대로 되지 않았다고밖에는 말할 수 없다. 다행인 것은 한국에서도 진보신당이나 녹색당처럼 생태주의로의 근본적 전환을 추구하는 정당과 정치적 흐름이 생기고 있다는 점이다.

이런 점에서 우리에게 지금 필요한 것은 신자유주의를 유일무이한 원인으로 지목하여 신자유주의만 극복하면 마치 모든 문제가 해결되는 것처럼 '눈 가리고 아웅' 하는 태도가 아니다. 물론 그렇다고 신자유주의도 문제고, 반생태주의도 문제고, 경제적 성장주의도 문제라며 문제를 병렬적으로 나열하자는 말은 아니다. 오히려 우리에게 지금 필요한 것은 신자유주의를 사고하는 방식의 전환, 그 자체인지도 모른다. 즉, 신자유주의를 모든 문제의 원인으로 바라보거나, 많은 문제 가운데 하나라고 바라보는 것이 아니라, 이 모든 문제의 한 극단적 양상으로서 신자유주의를 다시 사고하자는 말이다. 신자유주의를 극복한다고 생태 위기를 심화시키고 있는 경제적 성장제일주의가 극복되는 것은 아니다. 하지만 경제적 성장제일주의의 한 극단적 양상으로 신자유주의를 사고한다면, 신자유주의에 대한 이러한 비판을 통해 우리는 경제적 성장주의에 대한 근본적 반성에 가닿을 수 있을 것이다. 요컨대 신자유주의 극복을 문제의 해결점이 아니라 문제 해결의 시작점으로 사고하자는 제안이다.

후쿠시마를 예로 들면, 이번 사태가 벌어지게 된 주요한 원인 가운데 하나가 신자유주의라는 것은 물론 쉽게 발견할 수 있다. 도쿄전력이라는 민간 회사가 원전을 담당하고 있었다는 점이다. 도쿄전력의 사장인 시미즈는 별명 자체가 비용절감 cost cutter이었고 그 덕분에 사장 자리까지 꿰찼던 사람이다. 비용절감을 위해 그는 수단과 방법을 가리지 않았다. 당연히 안전이나 규정 준수는 그의 고려 대상이 되지 못했다. 후쿠시마 원전이 2007년에 문제를 일으켰을 때는 고의적으로 축소하여 보고하는 등 은폐와 축소, 로비를 통한 법이나 규칙의 개정과 변경 등은 그의 전매특허였다. 당연히 최악의 위기를 미리 상정해서 가장 '보수적'으로 접근해야 하는 안전 문제보다는 수익을 극대화하는 것이 그의 최우선 관심사였고 이것이 후쿠시마 비극의 한 원인이다.

더구나 문제를 해결하는 과정도 '신자유주의적'이었다고 일본의 활동가들은 폭로하고 있다. 이번 사고 이후에도 현장에서 피폭당하고 목숨을 갉아먹히면서도 일하는 노동자들은 하청업체에 소속된 비정규직 노동자이다. 이타하시 메구미 씨가 2011년 제주 강정 마을에서 발표한 글에 따르면, 일용직 노동자들을 속여 사고 현장으로 보내기도 하고 이미 피폭된 수치가 허용량을 넘은 노동자의 경우에는 이름을 허위로 기재해서 다시 내보내기도 한다고 한다. 신원불명, 행방불명의 노동자도 187명에 달한다고 한다.

이런 점을 본다면, 후쿠시마 비극이 벌어진 원인과 그 사고 처리 방식까지 모두 신자유주의에 의한 것이라고 할 수 있다.

그러나 과연 전력 산업처럼 안전이 생명인 산업을 민영화하고 노동계약을 비정규직화하는 신자유주의만 극복하면 후쿠시마 원전 사태는 막을 수 있었던 것일까? 결코 그렇지 않다. 신자유주의는 핵 사회의 위기를 극단적으로 심화시킨 계기일 뿐이다. 따라서 후쿠시마 사태의 재발을 근본적으로 막기 위해서 필요한 것은 핵 산업의 책임 있고 안전한 관리가 아니라, 탈핵 사회가 되어야 한다. 바로 이것이 신자유주의에 대한 비판이 문제 해결의 종착점이 아니라 문제 해결의 시작점이라고 이야기하는 이유이다.

이번에는 한국의 사례를 하나 들어 보자. 내 친구인 희준에게 요즘 가장 골치 아픈 문제는 아파트다. 이전에 살던 동네가 재개발되면서 희준에게는 아파트 입주권이 떨어졌다. 부모님이 희준의 몫으로 남겨 둔 집이었다. 약간 낡기는 했지만 여전히 살 만한 집이었다. 그런데 이명박 씨가 서울 시장을 할 때부터 불던 뉴타운 바람이 희준의 동네에까지 밀어닥쳤다. 한국 전쟁 이후 밀어닥친 피난민들이 만든 일종의 저소득 서민 동네였다. 도심만 나가면 한 집 건너 하나인 편의점조차 변변하게 없고 여전히 구멍가게가 골목마다 있는, 전형적인 외곽의 변두리 마을이었다. 덕분에 재개발에 대한 열망은 그 어느 동네보다 컸다. 반대파의 목소리가 조금 있기는 했지만 결국 뉴타운이 추진되었다.

장밋빛 전망이 판을 쳤다. 희준의 집은 시세가 약 1억 5000만 원 정도였지만 일 년 만에 3억 원으로 껑충 뛰었다. 얼른 팔라고 주변의 부동산에서 하루에도 수십 통의 전화가 왔다. 잠시 '팔까?' 하는 생각도 했지만 주변의 친구들이 말렸다. 돈이 급한 것도 아닌데 왜 파냐면서 가만 있으면 제대로 한몫 잡을 수 있는 아파트가 한 채 생긴다고 했다. 희준은 아파트에서 살아본 적이 없기 때문에, 왜 모두 "아파트, 아파트" 하는지는 몰랐지만 주변 사람들은 아파트는 일반 집과는 다른 것이라고 했다. 아파는 '집'이기에 앞서 '재산'이었고 '재산'이기에 앞서 '투자'라고 했다. 집은 아무리 가지고 있어 봤자 증식되는 재산이 아니지만 아파트는 재산을 넘어 스스로 증식해 가는 '투자'라는 것이다.

그럴듯했다. 사실 뉴타운 개발 바람이 불기 전과 비교해 보면 간단하게 답이 나왔다. 십 년째 요지부동이던 희준의 집값이 뉴타운 지정과 함께 한꺼번에 2배 가까이 올라 버린 것이 가장 좋은 증거였다. 미래 수익에 대한 기대도 컸다. 처음에는 다 지어지면 5억 5000만 원 정도 할 것이라던 아파트 가격이 금세 6억 원이라는 말도 나오고 심지어 6억 5000만 원이라는 설도 나왔다. 처음 아파트를 신청할 때 34평이 아니라 무리를 해서라도 45평을 신청하라고 부동산업자가 꼬드겼는데 '그 말을 따를 것을 그랬나' 하는 후회까지 밀려올 정도였다.

그런데 이게 그만 경제 위기와 더불어 사단이 나고 말았다.

처음에 조합에서는 분담금이 거의 없을 것이라고 말했다. 희준의 경우는 감정평가도 잘 받은 편이라 2000만 원 정도만 부담하면 된다고 했다. 그 정도야 벌어서 만들 수 있을 것 같았다. 그런데 경제 위기로 부동산 가격이 얼어붙자 서울의 집값이 폭락하기 시작했다. 34평대 아파트는 그나마 청약이 다 끝났지만 희준네 뉴타운만 하더라도 대형 평수는 청약이 미달되는 사태가 벌어졌다. 시공사인 삼성에서는 이 모든 책임은 그들이 아니라 조합이 져야 한다고 주장했다. 대형 평수를 빨리 할인해서 분양해야 한다고 조합을 압박하기 시작했다. 일부 조합원은 새로운 조직을 결성해서 조합을 비판하고 시공사와 새로운 협상을 시작했지만 그 차액을 부담해야 하는 것은 전적으로 조합원들의 몫이었다. 처음에는 1000만 원, 2000만 원 하던 추가 분담금이 급기야 1억 원이라는 소리까지 나오기 시작했다. 1억이라니. 희준은 앞이 깜깜해지기 시작했다.

희준은 가끔 아파트를 짓고 있는 현장에 차를 몰고 가 볼 때가 있다. 한번은 차곡차곡 올라가고 있는 아파트를 보면서 씁쓸히 담배를 피우고 있었는데 저 멀리서 낯익은 얼굴이 보였다. 김씨 아저씨였다. 평생을 이곳에서 장사하고 자식을 키우던 분이었다. 공사장을 바라보고 있는 아저씨의 얼굴에 묘한 슬픔 같은 것이 배어 있었다. 태어나지는 않았지만 자신이 평생을 보낸 동네가 파괴된 것이다. 과연 5억 원짜리 아파트가 그러한 김씨 아저씨에게 보상이 될 수 있을 것인가? 아저씨에게 다가가 말을 걸자, 아저씨는 이렇게 말했다. "너희 젊은 것들은 지금 아파트 가격이 떨어진다고 성화를 내지만 사실 우리 입장에서는 그 가격도 감지덕지인 것이 사실이야. 여기가 뉴타운으로 재개발되지 않았다면 우리 집은 아마 2억 원도 제대로 되지 못했을 텐데, 이게 지금 적어도 5억은 되었으니까. 이러니 저러니 해도 2배 가까이 집값이 뛰었어. 그건 재개발 덕분이야."

아저씨의 입에서 길게 담배 연기가 뿜어져 나왔다. "그런데 그게 전부일까. 너도 알지만 난 아버지 따라 피난 와서 여기서 자랐어. 공부를 할 여유도 없어서 저 시장에서 잔뼈가 굵었지. 여기서 결혼하고 여기서 자식 낳고 여기서 손주를 봤어. 내 손주가 아파트에서 살면서 좋은 학교 다니는 게 내 꿈이야. 그 꿈은 이뤘지. 대신 난 내 고향을 잃었어. 재개발되는 바람에 세 들어 살던 이씨, 박씨는 이미 오래전에 떠났고, 부동산업자가 꼬셔 집을 일찍 판 최씨, 김씨도 떠났어. 다 내 친구들이야. 그 친구들이 다 떠났지. 내 나이가 70이야. 이 나이에 아파트 들어가게 되면 난 다시 누구랑 친구가 될까. 그 고향이 없어진 거야. 뭐, 그래도 괜찮아. 손주가 아파트에서 살 수 있으니까. 그럼 된 거야."

희준의 이야기도 역시 신자유주의와 맞닿아 있다. 금융 자본주의는 모든 것을 투자의 대상으로 삼으라고 우리에게 가르쳐 준다. 특히 한국에서 집은 주거의 공간이 아니라 가장 좋은 재산 증식의 수단이었다. 그래서 오래된 집, 묵은 동네가 좋은 것이 아니라 언제나 '새로운' 것이 좋았다. 돈이 굴러가야 돈인 것처럼 주거도 늘 굴러가야 했다. 특히 이 책의 1장에서 보다 더 깊숙이 살펴보겠지만 이명박 정부가 들어서 시작된 뉴타운 열풍은 우리 모두를 미치게 만들었다. 그래서 우리는 자기 고향을 뽀개 버리고 친구를 쫓아내는 것도 어쩔 수 없는 일이라고 생각했다. 그런데 우리 손에 남은 것은 무엇인가?

후쿠시마와 마찬가지로 희준의 이야기는 아파트 가격의 안정이나 주거를 민간업자가 아니라 공공적으로 개발하고 관리해야 한다는 교훈만 우리에게 던져 주는 것이 아니다. 오히려 희준의 이야기는 우리는 누구와 더불어 어떻게 살아가야 하는지, 즉 '고향'과 '기억'에 대한 질문, 주거의 본질에 대한 질문을 우리에게 던져 준다. 다행인 것은 후쿠시마와 마찬가지로 재개발에 대해서도 이제는 '닥치고 재개발'에 동의하는 사람이 많이 줄어들었다. 오히려 재개발에 반대하는 사람이 많이 늘었다. 하지만 아직까지 그 이유는 집값 때문이다. 여기저기서 재개발로 이익을 본 것이 아니라 손해를 봤다는 이유가 많아서이지 '동네를 지키자'가 본격적인 이유는 아니다. 이것이 뉴타운 같은 신자유주의적 도시와 주거 정책에 대한 반대가 종착점이 아니라, '누구와 더불어 어떻게 살 것인가' 하는 주거의 본질에 대한 질문의 시작점이 되어야 한다고 내가 생각하는 이유이다.

이렇게 볼 때 우리에게 지금 더 필요한 것은 신자유주의가 우리 삶을 어떻게 극단화하였고 그 바뀐 삶을 우리가 어떻게 견뎌내고 있는지에 대한 보다 더 꼼꼼한 관찰과 분석이다. 신자유주의는 이전에 있던 문제들을 어떻게 더욱 심화시켰는가? 그리고 신자유주의에 의해 새롭게 우리 삶에 들어온 문제들로는 어떤 것이 있는가? 옛날의 위기는 심화되고 이전의 해법은 파괴되는 반면, 새로운 위기가 닥쳐오면서 우리 삶은 이 삼각파고에 휘말려 어떻게 파괴되어 가고 있는지를 꼼꼼히 들여다볼 필요가 있다.

지금과 상황은 다르지만 이 책을 처음 세상에 내놓을 때 내가 기대했던 것이 바로 이것이었다. 체제에 대한 사회학적 분석이나 경제적 대안에 대한 토론, 혹은 정치공학적 해법보다는 '우리는 어떻게 살고 있는가?'에 대한 차분한 보고가 필요하다고 생각했다. '신자유주의, 너의 정체를 밝혀 주마'보다는 신자유주의에 의해 심화된 삶의 위기와 파괴를 잘 드러내는 것이 필요하다고 생각했다. 그래서 이 책을 쓸 당시 나는 될 수 있는 한 신문이나 통계가 아니라 내 주변의 이야기를 통해서 신자유주의에 의해 파괴된 '일상적 모습'을 재현하려고 노력했다.

이 책이 나오고 난 다음에 우리 삶의 모습에 대한 많은 르포가 나왔다. 청년들이 겪고 있는 삶의 위기에 대해서는 젊은 필자들을 중심으로 특히 많은 책이 쏟아져 나왔다. 농민들이 겪고 있는 문제나 도시 빈민들의 고통에 대해서도 좋은 글이 많이 나왔다. 그 글들은 신자유주의에 의한 문제점을 짚고 있으면서도 보다 더 사람들의 삶과 고통에 밀착해서 삶에 대한 근원적인 질문을 던지고 있다. 이제 그런 책들과 더불어 이 책이 신자유주의를 이해하고 그 너머를 사유하는 데 도움이 될 수 있다면 글을 쓴 사람으로서 큰 기쁨이 될 것이다.

차례

탈락한 자들의 귀환

신자유주의, 넌 도대체 누구냐?

이 책은 신자유주의에 의해 누가 탈락하며, 탈락한 사람은 어떤 존재로 취급되고 있는지 다루려고 한다.

중산층에서 몰락하여 반지하방에 사는 민철이나, 이제 곧 중학생, 고등학생이 되어 무한 경쟁의 정글 속으로 들어갈 내 조카들에 대한 이야기를 접하면서, 주변에서 흔히 보던 이야기라며 고개를 끄덕거리는 사람도 있을 테다. 지방대를 나와 취직을 못해 우울증에 걸린 형석이 이야기, 연극을 하기 위해 종종 인체 실험 대상이 되는 준석이 이야기를 대하면서 더러는 공감하겠지만, 더러는 그저 탈락한 일부의 이야기라고 치부할지도 모른다. 그리고 우리 사회에서 완전히 몰락해 버린 사람의 예로 든 에이즈 감염인, 트랜스젠더의 이야기에는 전혀 공감을 못할지도 모른다.

하지만 나는 꼭 이야기하고 싶었다. 이 책을 읽는 독자가 만약에 여기에 나오는 완전한 탈락과 몰락은 극히 일부의 '주변부' 사람에게만 해당하는 이야기이고, 자신에게는 여전히 소시민적인 삶이 가능하다고 생각한다면 그것은 대단한 착각이라고.

좀 극단적인 이야기로 들릴지도 모르지만, 신자유주의가 지배하고 있는 지금의 체제에는 '중간'이 없다. '도' 아니면 '모'다. 신자유주의는 바로 보편적이고 평범한 삶, 적당히 남에게 의지하고, 적당히 남과 더불어 살아가고, 적당히 독립적인, 그런 일반적인 인간의 삶을 죽였다. 여전히 이 체제 안에서 그런 삶이 가능하다고 생각한다면, 이 책의 처음부터 마지막까지 독자가 공감할 만한 내용은 별로 없을지도 모른다. 그저 별 나라에서 일어나는 남의 이야기로 들릴 테니까.

이 책에 나오는 극단적인 삶이 예외의 경우라고 생각한다면, 그것이야말로 착시 현상이다. 독자의 머릿속에서 '극히 일부'라는 관념을 지금 당장 지워 버려야 한다. 그 '극히 일부'를 뺀 나머지 대부분은 보편타당한 삶을 살아가고 있고, 대다수는 그런 삶을 살아갈 가능성을 가지고 있다는 생각 말이다. 정말 그럴까?

신자유주의가 지배하는 지금은 예외적인 극히 일부만 탈락하고 망하는 시대가 아니다. 대부분의 사람이 언제든 예외가 되어 버리는 그런 시대이다. '누구나 예외'라는 이 처참한 덫으로부터 벗어나 '예외의 예외'가 되려는 필사적인 몸부림으로, 사람들은 인생 한 방을 노리고 로또를 긁거나 부동산 투기를 한다. 현실은 이미 나의 문제로 바싹 다가와 있는데도 신자유주의는 우리로 하여금 여전히 '나의 문제가 아니다.'라고 교묘하게 자신을 속이도록 만들고 있다. 이 착각에 말려 버리면 우리는 세상을 보는 눈을 잃어버리게 된다.

따라서 이 책에 종종 등장하는 탈락과 몰락을 겪은 이들을 신자유주의에 의한 '예외적 희생자'로만 생각해서는 안 된다. 그들은 신자유주의에 의해 일반인의 삶이 어떻게 변화될지를 예견케 하는 본보기이기 때문이다. 나의 전작인《닥쳐라, 세계화!》에서도 이야기하였지만, 노동자도 자영업자도 아니고 철저히 자기 몸을 자기가 관리해야 하지만 고용주나 정부로부터 한 푼도 보상을 받지 못하는 성 노동자의 모습은 바로 노동자의 미래이다. 먹고살기 위해 몸을 팔아야 하고 몸을 팔려면 성형을 해야 하지만, 성형할 돈이 없어 급기야는 자기 인생 이야기를 팔도록 강요받고 있는 은영의 이야기는 트랜스젠더만의 이야기가 아니라 우리 사회 실업계 여고생의 내일이며, 취업전선에 뛰어들어야 하는 여대생의 오늘이다.

누군가의 어제이며 또 다른 누군가의 오늘이거나 미래인, 이러한 괴물 같은 신자유주의는 도대체 언제 나타나서 어떻게 세상을 집어삼키기 시작했을까?

신자유주의는 금융자본주의가 전 지구화되는 역사와 함께 한다. 1970년대는 한국이 코흘리개 돈까지 벗겨 먹으며 산업 육성에 힘쓰던 시기인 동시에, 세계적으로는 자본주의의 놀이터가 산업에서 금융으로 넘어가면서 신자유주의가 기지개를 펴던 시기였다. 물론 이 책의 목적이 신자유주의의 경제적 측면을 분석하고 소개하는 일은 아니다. 그러나 이 신자유주의라는 괴물이 어떻게 우리 삶의 구석구석에 스며들었는지, 우리의 심성까지 바꿔 버렸는지 살펴보기 위해서는, 신자유주의의 경제적 발전 과정에 대해서도 간단하게 정리할 필요가 있다.

신자유주의는 어떻게 발전해 왔나

인류는 제2차 세계대전에서 두 가지 교훈을 얻었다. 하나는 다시는 더 이상 세계대전 같은 전쟁이 있어서는 안 된다는 깨달음이었고, 다른 하나는 세계대전의 원인이기도 한 대공황 같은 경제적 재앙이 더 이상 있어서는 안 된다는 깨달음이었다. 이러한 깨달음을 바탕으로, 전 세계적 차원에서 평화와 안보를 보장하기 위해서 국제연합인 유엔UN, United Nations이 출범

했다. 또한 1944년 7월, 미국 뉴햄프셔 주의 브레튼 우즈에서 44개 연합국 대표들이 참석한 가운데 전후의 국제통화 질서를 규정하는 협정을 체결하면서 브레튼 우즈 체제 Bretton Woods system 가 이루어졌다.

이 협정은 미국을 중심에 놓은 국제적인 통화제도 협정으로, 미국의 압도적인 힘에 바탕을 둔 달러를 기축통화 국제간의 결제나 금융거래의 기본이 되는 통화로 하고, 금화를 국제통화의 결제 수단으로 사용하는 금본위제를 실시하여 환율을 안정시키고, 자유무역과 경제성장의 확대를 추구하려 했다. 또한 이를 실현하기 위해, 각국에 필요한 외화를 공급하는 국제통화기금 IMF, International Monetary Fund 과 전쟁 후 경제 부흥과 후진국 개발을 위한 국제부흥개발은행 IBRD, International Bank for Reconstruction and Development 이 설립되었다.

이렇게 제2차 세계대전 이후 국제경제는 브레튼 우즈 체제가 딱 버티고 서서 질서를 만들어 갔고, 대부분 나라의 국내 정책은 국가의 적극적인 경제 개입과 재정 지출에 근거를 둔 케인스주의에 바탕을 두었다. 그 결과 세계경제는 1960년대 말까지 엄청난 호황을 누리게 되었다. 미국의 대통령 닉슨이 "우리 모두는 케인스주의자들이다."라는 유명한 말까지 남길 정도였다. 그러나 역설적이게도 닉슨이 이 말을 하자마자 케인스주의는 위기에 봉착했다.

베트남 전쟁으로 미국의 재정 지출이 확대되고 국제수지가 계속 악화되면서, 결국 1971년 닉슨 대통령은 금본위제와 미국 달러의 고정환율제를 폐지하여 위기를 돌파하려고 하였다. 이로써 종전 이후 호황을 이끌어 왔던 브레튼 우즈 체제는 공식적인 종말을 맞게 됐다.

또한 1973년 10월부터 1974년 1월까지 석유수출국기구OPEC, Organization of Petroleum Exporting Countries가 석유 가격을 3배 이상 인상함으로써 제1차 석유파동이 전 세계를 강타해 미국은 심각한 타격을 받았다. 또한 케인스주의 경제정책의 부작용이 계속 드러나면서 미국의 재정 적자와 무역 적자가 심화되고, 기업의 채산성이 악화되는 등 온갖 문제점들이 한꺼번에 터져 나왔다.

이렇게 1970년대 중반에 접어들면서 미국과 영국의 경제는 극심한 불황과 혼란에 휩싸이는데, 이 틈에 세력을 확장한 것이 바로 신자유주의이다. 미국에서는 레이건 대통령, 영국에서는 대처 수상이 집권하면서 이 신자유주의는 거침없이 본격화되었다. 실물 경제가 위기에 봉착한 사이에 변동환율제를 도입하여 환차익에 따른 막대한 이익을 챙길 수 있는 좋은 기회였다. 변동환율제란 중앙은행이나 기타 외환 당국에 의한 시장 개입 없이 자유롭게, 외환시장의 수요 · 공급에 따라 환율이 결정되는 체제이다. 따라서 고정환율일 때에는 기대할 수 없었던, 환율 변동에 따라 생기는 환차익을 챙길 수 있게 된 것이다.

여기에 덧붙여, 1980년대에 도입되기 시작한 컴퓨터 시스템 덕에 금융 네트워크가 발달하였고, 금융시장은 국내를 넘어 전 지구적으로 그 규모가 폭발적으로 성장하였다. 대처와 레이건은 이런 국제금융의 자유화와 전 지구화를 주도적으로 이끌어 내었다. 그 결과 브레튼 우즈 체제의 붕괴와 더불어 할 일을 잃었던 국제통화기금은 신자유주의의 전도사가 되어 성공적으로 부활하였다.

이제 각 나라가 국내 산업을 발전시키기 위해 금융 부문에 대해 가지고 있던 엄격한 규제 정책들은 속속 철폐되었다. 그것이 악명 높은 국제통화기금의 구조 조정 프로그램이다. 제3세계 국가는 국가적 수준의 경제 위기를 경험할 때마다 울며 겨자 먹기 식으로 이 구조 조정 프로그램을 받아들이지 않을 수 없었다. 대표적인 구조 조정 조치로는 공공 재정의 축소, 공기업의 사영화privatization, 고정환율제의 폐지, 금융 부문의 자유화 등을 들 수 있다. 하지만 결과적으로는 미국 월스트리트와 영국 런던에 똬리 틀고 있는 금융자본의 좋은 먹이가 될 뿐이었다. 한국의 외환위기와 이후 강제된 경제정책만 돌아보더라도 그 폐해가 어떠한지 어렵지 않게 충분히 알 수 있다.

이렇게 신자유주의는 돈을 굴리고 부풀릴 새로운 넓은 마당으로 금융을 발견하고 개척하였다.

성실보다 투기를 가르치는 신자유주의

신자유주의가 활개를 치기 이전까지만 해도 돈은 산업에 투자되게끔 유도되고 다른 데로 새지 않도록 국가에 의해 엄격하게 규제되어 왔다. 돈의 운동이 가진 속성상, 산업이 아니라 부동산이나 다른 투기처로 빠져나갈 가능성이 너무 높기 때문이다. 올림픽에서 승부를 향한 그릇된 과열을 방지하기 위해 약물 복용 테스트를 하듯이, 국가는 대체로 국민에게 저축을 장려하였고, 그 저축한 돈을 모아서 중소기업이나 유망한 직종에 돈을 빌려 주어서 산업을 육성하였다. 산업이 육성되어야만 일자리도 생기고 국가 경제가 발달하고 세금도 더 많이 걷을 수 있기 때문이다. 이것이 바로 신자유주의에 의해서 경제 발전의 적으로 일방적으로 매도되었던 '규제 정책'의 골간이다.

물론 모든 돈이 늘 건강하게 산업으로 투자되지는 않았다. 한국에서 1970~80년대에 돈을 버는 가장 좋은 길은 땅장사, 집장사, 돈놀이였다. 전 세계 대부분의 국가에서도 정도의 차이는 있지만 늘 부정부패가 있었다. 특히 독재나 부정부패가 심한 나라일수록 뇌물을 먹고 불법, 탈법으로 돈 놓고 돈 먹기 하는 짓을 봐주었다.

그렇다고 내놓고 땅장사, 돈놀이를 국가정책으로 내세운 나라는 거의 없었다. 대부분 국민경제를 살리기 위해 산업을 유치하고, 산업을 육성하기 위해 국민에게 저축을 강제하였다. 아직도 빨간색 돼지저금통을 기억하는 사람이 많을 텐데, 1970년대 한국 '국민학교'에서는 강제로 어린이들에게 은행 통장을 만들도록 하고, 교실 뒤편에 그래프로 저축액을 표시하였다. 아이가 모은 돈인지 엄마가 준 돈인지는 따지지 않고 액수가 많은 아이에게 '저축왕'이라는 상도 주고는 하였다. 이처럼 한때 한국에서도 거의 전 국민에게 저축을 강제하다시피 했다.

그렇게 국가는 지난 몇십 년 동안 코흘리개에게서도 돈을 갈취하면서 국민경제를 위한 국민이 되도록 만들었다. 그 코 묻은 돈 가운데 얼마는 부정부패로 새어 나갔고, 또 얼마는 재벌들에게 특혜로 제공되었다. 물론 재벌들은 또 얼마는 정치권에 뇌물로 바치고, 얼마는 땅장사를 하고, 그리고 나머지를 산업에 투자하였다.

이때에는 국가가 경제 발전을 주도하다 보니, 늘 '경제개발 5개년 계획'처럼 국가가 전체적인 계획을 짜고 국민의 참여를 의무화하였다. 1970년대 이후 한국뿐만 아니라, 많은 개발도상국에서 국가 주도로 고도성장을 이루기 위해 이러한 경제 계획이 이루어졌다. (최근 이명박 정부는 '녹색성장 5개년 계획'을 추진하겠다고 밝히기도 했다.) 이러한 때에 노동은 국민의 의무로 신성시된다. 앞서 이야기했던 브레튼 우즈 체제, 금융 경제와 달리 실물 경제가 중심이 되는 이러한 산업자본주의 시대는 부를 생산하고 축적하고 분배하는 단위가 모두 국민인 국민경제의 시대였다.

그러나 금융자본주의가 중심이 된 신자유주의 사회에서는 그 양상이 완전히 달라졌다. 지금은 아이들에게 저축하는 법을 가르치는 대신 투자하는 법을 가르친다. 《부자 아빠, 가난한 아빠》를 필두로 《열두 살에 부자가 된 키라》, 《대한민국 20대, 재테크에 미쳐라》까지, 초등학생부터 대학생, 누구나 할 것 없이 돈을 벌지 못하고 관리하지 않으면 바보 취급하는 책이 베스트셀러가 되고 있다. 이제 그저 열심히 공부해서 좋은 대학 가고, 좋은 직장 가면 좋은 삶, 멋진 삶 살았다고 여기는 시대는 갔다. 이 시대에는 좋은 일자리에 대한 감각이 아니라, 어디서 어떻게 돈을 굴려야 하는지를 아는 투자에 대한 감각이 중요하다. 그러한 감각을 키워 주는 일이 가장 훌륭한 교육이라고 가르치는 이런 책이야말로 금융자본주의 시대의 《탈무드》라고 할 수 있다.

이러한 교육을 받고 성장한 아이는 더 이상 국민경제 시대를 살아가며 국민경제를 책임져야 하는 국민이 아니다. 이제 돈을 벌기보다는 굴릴 줄 아는 자가 대접받는 세상이 되었다. 전 지구적인 금융의 흐름을 꿰뚫고, 자신이 어디에 투자해야 하는지 판단할 줄 아는 글로벌 엘리트가 되어야 한다. 전 지구적 경제 시대를 살아가는 새로운 주체의 탄생이다.

이들은 더 이상 국민이라는 정체성으로 '노동하는 주체'가 아니다. 이들은 전 지구적으로 흘러 다니며 자기 계발, 자기 관리하며 투자하는 주체이다. 사실 대다수의 사람에게 이런 삶은 낯설 테지만, 부자에게는 이미 익숙한 삶이다. 2008년 국민 드라마였던 《엄마가 뿔났다》에서 부잣집 마나님은 아들에게 평범한 집 출신의 여자 친구를 버리라면서 "지금 고통스러워도 장래를 위한 투자라고 생각하고 감내하라."고 말한다. 이렇듯 부자는 이미 오래전부터 사랑도 투자의 대상임을 잘 알고 있었다. 우리 모두가 그렇게 살아야 한다고 주장한다. 이 부분에 대해서는 앞으로 지겹도록 살펴보게 될 테니, 일단은 여기까지만 언급하도록 하자.

돈은 굴러가야 돈이다

자본주의는 돈이 중심이 된 사회이다. 사람들은 돈을 벌기 위해서 일을 한다. 놀기 위해서도, 사랑을 하기 위해서도 돈을 벌어야 하며, 심지어 자본주의에 반대하기 위해서라도 돈을 벌어야 한다. 나는 국제 연대 운동을 하는 단체의 활동가이자, 자본주의의 무한 질주에 제동을 거는 정당의 당원이기도 한데, 이 단체와 정당에서도 가장 중요한 일 가운데 하나가 돈을 모으는 일이다. 돈을 모으지 않으면 돈에 반대하기도 힘들다는 점만 보더라도 확실히 돈이 우리가 사는 세상의 중심임에는 틀림이 없다.

그러나 그 돈은 단순한 돈이 아니다. 아니 더 정확하게 말해서 돈이 단순한 돈으로 있는 한 그 돈은 자본주의에서는 아무런 가치도 없다. 돈은 돌아야지만 돈이다. 돈은 돌면서 그 덩치가 더 커진다. 이처럼 한순간이라도 쉬지 않고 그 덩치를 키워 가는 돈, 그것이 자본이며, 그 돈의 운동이 바로 자본주의 사회의 핵심이다.

마르크스는 돈이 돌면서 덩치를 키워 가는 현상을 "화폐의 자본으로의 전화"라고 불렀다. 그렇게 보면, 돈이 중심이 된 사회라는 말로는 부족하다. 돈이 움직여야만 하는 사회, 돈이 어딘가에서 멈추거나, 낭비되거나, 줄어드는 일을 절대 못 봐주는 사회가 바로 자본주의 사회이다.

한 달 순이익이 천만 원이 넘는, 꽤 잘나가는 피부과를 하고 있는 의사는 늘 자신이 가난하다고 투덜거린다. 일 년에 일억 원이 넘는 돈을 버는 사람이 뭐가 부족해서 그러냐고 타박하니, 그 의사는 현실을 모르는 소리라고 한다.

피부과는 다른 진료 과목보다도 최신 기계에 대한 압박이 심해서 이 초경쟁 상태에서 살아남기 위해서는 돈을 버는 족족 다시 재투자를 해야 한다. 무엇보다 관건은 새로운 의료 기계이다. 한 대에 몇천만 원을 넘는 고가의 장비를 들여놓기 위해서는 자기가 번 돈을 쏟아부을 뿐만 아니라 은행에서 대출도 받아야 한다. 그렇게 기계를 들여놓았는데 본전을 뽑기도 전에 새로운 기계가 나오거나 생각만큼 환자가 많이 오지 않으면 망한다는 것이다. 이 의사의 말에 따르면, 자기가 한 달에 벌어들이는 천만 원은 그냥 자기 손을 거쳐서 은행이나 의료 기계를 만드는 자본으로 직행할 뿐이다.

이렇게 투자를 하지 않으면 언제 경쟁에서 도태되어 망할지 모른다. 벌어들이는 돈을 자본으로 전환하여 투자하지 않는 순간, 자본이 되지 못한 돈의 복수를 당하기 때문에 그 자본의 운동이라는 감옥에서 빠져나갈 수는 없다. 물론 그렇게 열심히 공격적으로 투자를 해도 성공에 대해서는 누구도 장담할 수 없다. 그러기에 이 의사는 만의 하나 망하기라도 하는 날이면 지금까지 벌어서 투자하여 장만한 의료 기계들은 삽시간에 빚으로 넘어가고 자신은 빈털터리가 된다고 했다. 이는 자본의 운동이 내리는 저주이다.

돈이 굴러가면서 눈덩이처럼 부는 게 자본주의의 가장 큰 목적이라면, 이 돈을 어디에서 굴려야 가장 짧은 시간에 가장 크게 불릴 수 있는지 판단하는 일이 매우 중요하다.

따라서 단지 굴러가기만 한다고 해서 자본의 운동이라고 할 수는 없다. 다른 사람이 가진 돈보다 더 빨리 굴러서 더 크게 불어나야 한다. 이것이 마르크스가 말하는 "자본의 축적"이다. '더 높이, 더 멀리, 더 빨리' 돈이 벌이는 경쟁, 즉 돈의 올림픽이다.

보통 사람의 삶도 도박판이 되다

돈의 올림픽을 벌이면서 신자유주의는 돈을 부풀릴 새로운 터전인 금융을 발견하고 개척하였다. 잘 먹고 잘사는 사람만의 이야기가 아니다. 돈이 굴러가며 막대한 이윤을 남기는 곳이 더 이상 생산이 아니라 금융이 되면서 수많은 사람이 금융시장으로 몰려들었다. 이른바 개미들이다. 증권사의 객장에서 하염없이 시황판을 바라보고 있거나, 회사에서도 몰래몰래 모니터로 증권 상황을 체크하는 이들 말이다.

증권 투자를 하지 않더라도 이미 우리 가운데 대다수는 나도 모르는 사이에 금융시장에 통합되어 있다. 보험이나 국민연금이 대표적인 경우라고 할 수 있다. 내 미래를 위해 내는 보험금이나 국민연금과 같은 돈은 기관투자 개인이 아니라 은행이나 법인에서 하는 투자 등에 의해 이미 깊숙하게 금융 투자에 연루되어 있기 때문이다. 주식에 관한 뉴스에서 외국인은 얼마를 사고 팔았고, 개인은 얼마이며, 기관은 어떻다라고 할 때의 그 '기관'이 내가 나도 모르는 사이에 나를 금융시장으로 연결시키는 채널이다. 투자와는 가장 무관한 듯 보이는 대학 등록금도 마찬가지이다.

대학의 등록금을 한번 살펴보자. 미국 대학은 기금을 주식 투자나 펀드 등을 통해 운용한다. 미국 상위 5개 대학의 자산 규모는 17조 원이며 하버드와 예일 같은 대학은 자산의 40%

이상을 국내외 주식에 투자하고 있다. 2007년까지 12년 동안 평균수익률이 약 17%에 달해 자산 운용의 모범으로 꼽히기도 했다. 하지만 전 세계적으로 주식이 반토막이 난 2008년에는 그 투자손실액이 너무 커서 앞으로 등록금을 올릴 것이라는 보도가 끊이지 않고 있다. 2007년 12월부터는 한국에서도 대학의 펀드 투자에 대한 규제가 대폭 완화되었다. 벌써 몇몇 대학에서는 펀드 투자에 따른 손실액으로 학교가 시끌시끌한 형편이다. 학생들은 주식 펀드 현황을 공개하라고 요구하지만 학교에서는 경영과 관련된 일이라며 공개를 거부하고 있다.

연금기금은 또 어떠한가? 국민연금이나 사학연금, 공무원연금 같은 연금기금은 결국 어떻게든 미래의 어느 때에는 가입자에게 정해진 액수를 돌려주어야 한다. 따라서 연금기금은 성격상 안전하게 자금을 운영해야 하는 자본이라고 사전적인 정의를 하지만, 2008년 10월 27일 우리나라 연금기금의 수익률은 무려 -220%까지 곤두박질쳤다. 그렇지 않아도 가만히 있으면 곧 재정이 바닥나리라는 우려에 시달리던 연금기금이었는데, 무리한 투자로 엄청난 손실을 보고 말았다. 더구나 현재 한국의 연금기금은 수익률 중심으로 움직이지 않고, 정치적 논리에 따라 주식시장을 지탱하기 위해 무리하게 연금기금을 쏟아붓고 있다며 비난이 끊이지 않고 있다. 실제로 2008년 9월에 국민연금이 청와대 지시로 폭락장에 집중투자를 하였다는 보도도 있었다.(《한겨레》 2008년 10월 13일자)

더 나아가서 사기마저 당한다. 2008년 금융 위기의 한가운데에서 '매도프 스캔들'에 걸려든 미국 월스트리트는 자신이 돈 버는 방식의 실체를 드러내고 말았다. 매도프는 나스닥 사장까지 역임하여 공신력이 있을 수밖에 없는 월스트리트의 유명한 펀드 매니저이다. 그러니 그를 믿고 스티븐 스필버그와 같은 유명인사, 국부펀드 정부가 국가의 재산 가운데 일부로 직접 투자하는 투자기관, 외국의 은행 등이 지난 20년 동안 안심하고 엄청난 규모의 돈을 투자하였다. 그런데 그것이 사기로 드러났고, 피해 규모만 500억 달러에 달했다.

매도프의 수법은 전형적인 폰지 사기이다. 1920년대 미국에서 발생한 찰스 폰지라는 희대의 사기꾼에서 유래된 이 수법의 원리는 간단하다. 막대한 투자 배당을 약속해 먼저 투자자들을 모은 다음, 나중에 투자한 이들의 돈으로 먼젓번 투자자에게 높은 수익률까지 합쳐서 돈을 지불한다. 그러면 그 수익률을 믿고 더 많은 이들이 그에게 투자를 하게 되고 그는 그 돈을 모아서 다시 앞서 투자한 이들에게 돈을 지불한다. 한마디로 말해서 밑의 돌을 빼서 위로 괴는 방식이다. 하지만 높은 수익률 때문에 투자자는 점점 더 많이 몰려들고, 이것이 지속되기만 하면 이런 사기극은 잘 드러나지 않는다. 전형적인 다단계 판매이다. 이 사기극에 한국의 기관투자자들도 말려들었다.

금융자본주의의 발달과 함께 한국뿐만 아니라 외국의 연금기금 역시 국제 투기 금융 상품의 대명사인 헤지펀드 소수의 투자자들을 비공개로 모집하여 주로 위험성이 높은 파생금융상품을 만들어 고수익을 남기는 펀드와 운명 공동체처럼 서로 얽히고설켜 있다.

미국 캘리포니아 주의 최대 공무원 연금기금만 하더라도 2005년에 헤지펀드에 대한 투자액을 2배로 늘려서 약 20억 달러(주식에 61.2%, 채권에 24.5%)를 쏟아부었다. 전 세계적으로 보면, 2005년 경제협력개발기구 OECD, Organization for Economic Cooperation and Development 회원국의 연금기금 규모는 전체 '명목 GDP 해당연도의 국내총생산'의 86.7%에 달하는 수준이었다. 네덜란드(125%), 아이슬란드(123%), 스위스(117%) 등 일부 국가의 연금기금 규모는 국가 경제 규모를 넘어섰다. 미국, 영국, 호주, 핀란드, 캐나다 같은 나라의 연금기금 규모는 명목 GDP의 절반 수준이었다.

문제는 이런 연금기금을 가지고 운용하는 헤지펀드가 최단기간에 최대한의 이익을 뽑아내려고만 하기 때문에 일자리 창출이나 산업의 육성과는 아무런 상관이 없다는 점이다. 헤지펀드는 그 운영 속성상 자신이 투자한 회사에서 연구개발 R&D, Research & Development 을 하거나 장기적인 투자를 하여 경쟁력을 확보하는 데에는 아무런 관심이 없다. 이보다는 주식의 가치를 단기간에 올리기 위해서 구조 조정이나 기업 인수 합병 M&A, Merger & Acquisition 등 생산과는 아무런 상관이 없는 금융 기법을 더 선호한다. 마치 도박판처럼 투기 자본이 세계경제를 교란시키는 이러한 자본주의를 영국의 경제학자 수전 스트레인지는 "카지노 자본주의"라고 불렀다.

카지노 자본주의에서 가장 흔하고 복잡하게 이용되는 자본 운용 방식은 고액배당금을 지불하는 것이다. 자신의 이름으로 자본을 차입하여 주주들에게 모두 다 지급해 버린다. 헤지펀드에 의해 투자를 받은 회사는 당연히 주주들 눈치를 보느라 바빠서 일자리 창출이나 경쟁력 강화에는 신경을 쓰지 못한다. 더 나아가 자신이 매입한 기업들에게 많은 컨설턴트 비용을 부과하게 하거나, 시중 금리보다 훨씬 높은 이자율로 이들 기업에 돈을 빌려 주는 등 수상쩍은 짓도 마다하지 않는다.

대표적인 예로 미국의 식품제조업체인 콘아그라를 들 수 있다. 이 회사는 1995년에 6천5백 명의 직원을 해고하고 29개의 공장을 폐쇄하겠다고 발표하자마자 주가가 급등하여 하루 만에 주식 시가 총액이 5억 달러나 상승하였다. 좋은 물건을 많이 팔아서 주주들에게 높은 이익을 지불하는 대신, 덜 만들고 덜 팔아도 효율성이라는 이름으로 비용만 절감하면 대박이 터지는 셈이다.

이처럼 금융자본주의의 세계에서 부의 창출은 생산과는 아무런 상관이 없다. 투자 자체에서 부의 창출이 이루어진다. 결과적으로 연금기금은 실제로는 현재 노동자의 연금을 가지고 미래 세대의 일자리를 갉아먹으면서, 겉으로는 미래 연금생활자를 먹여 살리겠다는 공언을 하고 있는 셈이다.

따라서 내가 투자를 하지 않고 있다고 하더라도, 나는 꼬박 꼬박 내는 연금을 통해서 이미 세계 금융자본에, 그리고 투기 자본의 대명사인 헤지펀드에 깊숙이 연루되어 있는 셈이다. 구조 조정 프로그램을 통해 가난한 나라의 교육과 물, 전기에 대한 재정을 축소하여 가난한 아이들의 교육권과 생명권을 빼앗는 일에도 간접적으로 관여하고 있다. 남의 나라뿐만이 아니라 내가 사는 사회도 파괴하고 있다. 연금을 내는 행위만을 통해서도 국가 재정에 구멍을 내고 우리 사회 미래 세대의 일자리를 갉아먹는 파렴치한 짓을 하고 있는 셈이다.

인간의 감수성까지 통째로 바꾼 신자유주의

이처럼 신자유주의는 극단적으로 시장을 맹신하는 '시장 근본주의'로, 사람의 삶이란 머릿속에서 발끝까지 모두 시장의 원리에 의해 작동되어야 한다고 믿는다. 시장 근본주의는 시장의 원리에 충실한 사람을, 남에게 의지하지 않고 자신의 삶에 대한 자유의 의지로 충만한 사람이라며 칭송한다. 시장에서는 자신이 원하는 것이 무엇이고, 그것을 얻기 위해 자신이 무엇을 해야 하는지 잘 알고 있는 '자유인'만이 성공할 수 있기 때문이다. 시장에서 스스로의 노력으로 경쟁하고 성공하지 않고, 사회가 무엇을 해 주기 바라고 남에게 의지하는 사람은 비굴한 노예이다.

신자유주의는 개인의 자유가 사회 발전의 원동력이라고 생각하기에, 국가는 개인의 자유에 대해 최소한으로 개입해야 한다고 주장한다. 여기에 사회는 없으며, 개인의 활동이 모여 만들어 내는 아름다운 오케스트라만 있을 뿐이다. 이 오케스트라의 최고점에는 바로 시장이 있고, 오케스트라를 이끄는 지휘자는 국가가 아니라 세계화된 금융자본이다. 돈 스스로가 어디로 흘러가야 하는지를 가장 잘 알고 있기 때문이다.

'자유'라는 이름으로 신자유주의가 펼쳐 내는 일련의 경제정책이 효과를 발휘하면서, 개인과 가족, 사회의 경제에 대한 이해뿐만 아니라 인간의 감수성도 통째로 바뀌었다는 점을 주목해야 한다. 자유의 이름으로 인간의 권리는 인간의 의무로 교묘하게 바뀌었고, 노동은 자기 관리의 문제, 즉 자기 자신에 대한 경영의 문제로 바뀌었다. 가족이나 친구처럼 지속적이고 친밀한 관계도 순간적이고 소비적인 관계로 대체되었으며, 모든 국민에게 평등하게 나누어져야 하는 주권과 시민권은 능력에 따라 차등을 두어 들쭉날쭉하게 나누어졌다.

통치는 국민의 위임을 받아 국민의 감시 아래 입안되고 수행되는 정당성이 생명이다. 하지만 한미 FTA 협상이 진행될 때 드러났듯이, 이제 신자유주의 사회에서 통치는 폐쇄적인 시스템 아래 몇몇 전문가의 손에 놀아나는 효율성의 문제로 전락하였다. 자유의 이름으로 국민의 주권도 파괴되었다.

이제 나는 신자유주의 세계에서 한 인간의 삶과 세계, 이웃과 사회와 국가에 대한 감수성과 태도가 어떻게 바뀌었는지에 보다 주목하여 그 악마적 모습을 드러내고자 한다. 그리고 2008년 봄을 뜨겁게 달구었던 촛불시위를 돌아보며 신자유주의에 맞서 정치적인 힘 존재, 혹은 행동이 귀환하는 모습을 꼼꼼하게 복기해 보고자 한다. 또한 이 귀환이 우리에게 민주주의와 해방을 향한 희망을 다시 불러일으키는지 살펴보며, 우리가 이 신자유주의라는 미친 롤러코스터에서 내리는 방법에 대해 이야기해 보고자 한다.

무소부재無所不在한 신자유주의가 도처에 있듯이, 신자유주의를 극복하는 길도 도처에 있다. 하지만 도처에 있는 수천 개의 대안은 오로지 그 대안을 실천하는 동안에만 볼 수 있으며, 극복의 가능성을 낙관할 수 있다. 그것은 티베트에 우뚝 솟아 있는 수천 개의 고원처럼 각각의 고유한 높이와 넓이를 가지고 있으며, 이미 우리 눈앞에는 보통 사람들이 실천해 온 흔적들이 파노라마처럼 펼쳐져 있다. 하지만 고원 밑에서 팔짱을 끼고 쳐다보는 비판을 통해서는 절대 보이지 않는 가능성이다. 팔짱을 낀 비판을 통해서는 오로지 냉소주의에만 도달할 수 있을 뿐이다. 그 고원 가운데 하나에라도 올라설 때만, 그 장엄한 고원의 연속체를 만날 수 있다. 당신은 지금 그 어떤 고원에 올라가고 있는가, 혹은 올라가 있는가?

POVERTY
HAS A
WOMAN'S FACE

신자유주의에 포박된 신인류의 삶

WTO

I

태어날 때부터 발버둥 쳐야 한다

브랜드 아파트 단지와 특목고, 탈락하지 않기 위한 성채

나에게는 세 명의 조카가 있다. 먼저 결혼을 한 작은누이의 고등학생인 큰딸과 중학생인 아들, 늦게 결혼한 큰누이의 초등학교 5학년인 아들. 이 가운데 중학생인 조카는 정말이지 특별한 아이다. 이 녀석은 말을 떼기도 전에 글자판 맞추기를 하고 놀았으며, 누가 가르쳐 주지도 않았는데 혼자서 ABC를 읽을 줄 알게 되어 온 집안을 놀라게 하였다.

한편에서는 집안에 천재가 나타났다고 좋아하였지만, 외갓집은 평범함을 중요시하였기에 다른 한편에서는 유난 떨지 말자고 결론을 내렸다. 아이가 천재라고 불리면, 주위에서 너무 떠들썩하는 바람에 대부분 그 끝이 좋지 못하다고 생각하였기 때문이다. 어쨌든 이 녀석은 초등학교에 들어가서도 단연 두각을 나타내었다. 중학생에게도 힘들다는 한자 2급 시험을 초등학교 2학년 때 통과하였고, 얼마 전 다녀온 방학 중 중국 연수에서 교사를 대신하여 통역까지 하는 기염을 토하였다.

이에 반해 작은누이의 큰딸과 큰누이의 아들은 '유감스럽게도' 그렇게 두각을 나타내는 아이가 아니다. 큰누이는 아들을 유치원에 보내는 대신 공동육아를 하며 키웠다. 아이를 경쟁에 몰아넣기보다는, 좀 더 자유롭고 공동체적인 분위기에서 키우고 싶었던 것이다. 아이가 초등학교에 들어갈 때가 되자 대안학교에 보낼지, 일반 초등학교에 보낼지 온 집안 식구가 모여 토론을 하였다. 역시 유난을 떨지 말자는 결론에 이르러 아이를 일반 초등학교에 보냈다. 대신 나름 잘나가는 초국적 기업에서 이사직까지 맡았던 큰누이가 전격적으로 일을 그만두고, 공동육아를 같이 했던 이들과 함께 방과후 학교를 만들어 공교육을 보충했다. 다행스럽게 조카가 들어간 초등학교의 교장도 성적이나 경쟁을 가지고 난리를 치지 않는 사람이라 이를 크게 문제 삼지는 않았다.

평범한 아이가 유감스러운 한국 교육

큰누이의 아들은 공부하기보다는 놀기를 더 좋아하는 아주 평범한 아이다. 늘 바쁜 아버지 얼굴을 그리고 특징을 이야기해 보라는 과제를 하면서, 아버지의 죄는 "놀아 주지 않은 죄"라고 쓰고 "벌로 평생 놀아 주라"고 쓸 정도로 놀기 좋아하는 아이다. 또, 시험지를 들고 쿵쾅쿵쾅 달려와서는 "다 맞았다!"고 자랑하지만 엄마가 "다 맞긴 뭐가 다 맞았어, 뒷면은 다 틀렸잖아!"라고 말을 하면 "그러니까 앞면을 다 맞았다고!"라고 말할 정도로 넉살도 좋다.

그러나 평범함에 대해 '유감스럽다'는 말을 붙여야 할 만큼 유감스러운 사회가 바로 한국 사회이다. 평범함을 가지고는 우리 사회에서 아무런 경쟁력도 없고, 평범함은 곧 낙오와 패배를 뜻하기 때문이다. 사회가 주목하는 아이는 특수목적고등학교 특목고나 자립형사립고등학교 자사고에 들어갈 수 있는 극소수뿐이다. 그 극소수 아이들은 극소수만이 가질 수 있는 자원을 가지고 있다. 특출하지 않으면 생존할 수 없는 승자 독식의 사회에서 살고 있기 때문이다.

항간에 어떤 아이가 특목고에 들어갈 수 있는지에 대한 우스갯소리가 있다. 특목고에 들어가기 위해서는 세 가지 조건을 갖추어야 하는데 첫 번째가 어머니의 정보력이고, 두 번째가 가혹한 공부를 해낼 수 있는 아이의 체력이고, 세 번째가 할아버지의 재력이란다. 아버지가 대기업 부장이라고 하더라도 그 재력은 생활을 유지하는 데 쓸 정도뿐이고, 해외연수와 과외 등을 위해서는 다른 돈줄이 필요하다는 이야기이다.

우리 사회는 오로지 언어에 대해 천재적 감각을 가진 둘째 조카 같은 아이만을 환영할 뿐, 큰누이의 아들처럼 평범한 아이가 가지고 있는 다른 재능이나 관심에 대해서는 별로 귀를 기울이지 않는다. 미국의 심리학자 하워드 가드너는 다중지능 이론을 제시하면서, 인간에게는 언어지능, 대인관계지능, 시공간지능, 음악지능, 자기내부지능, 논리수학지능, 운동감각지능 등 다양한 면이 있다고 했다. 그러나 한국의 교육 현장에서는 이 일곱 가지 지능 가운데 언어지능과 논리수학지능 두 가지만 가치 있는 지능으로 평가한다. 여기에 가끔 음악지능,

운동감각지능 같은 예체능 관련 지능이 끼어 들어갈 뿐이다. 이런 사회이니 큰누이의 아들 같은 평범한 아이가 학교에 적응을 하며, 학교의 공부 방식에 흥미를 가지기는 정말 힘들다.

하지만 나는 큰누이의 아들이 신화에 나오는 불, 바람, 쇠 같은 이야기에 눈을 반짝이는 모습을 자주 보았다. 그 아이는 만화영화를 보다가도 대장간에서 쇠를 달구는 불의 주황색 빛에 황홀해하고, 무사가 든 쇠붙이와 갑옷의 반짝거림에 정신을 빼앗긴다. 경쟁력을 갖추기 위해 학교에서 요구하는 언어지능은 떨어질지 모르지만, 색감, 소리, 촉감에 대해서는 매혹을 느낄 줄 아는 아이다. 하지만 철저히 언어에 기반한 평가와 경쟁력만이 인정받는 학교에서, 큰누이의 아들이나 다른 많은 아이가 갖고 있는 다양한 지능은 어디에도 설 자리가 없다.

그나마 몇 년 전부터는 방과후 학교나 특별활동 등이 있어서 정규 과정에서 채워 주지 못하는 평범한 아이의 재능과 호기심을 키워 주었다. 하지만 서울특별시 공화국에서는 무한 경쟁과 엘리트 교육을 주장하는 교육감이 선출된 뒤로 이마저도 점점 더 힘들어질 듯하다. 벌써 시험이 갑자기 늘어날 조짐이 보이고 있으며, 시험이 늘어나는 만큼 아이들은 학원에 더 많이 다녀야 될 테니 말이다. 이러니 방과후 학교를 하는 학부모는 심리적으로 점점 더 궁지에 몰릴 수밖에 없다.

사회는 점점 더 어릴 때부터 아이들을 입시 위주의 공부라는 막다른 골목으로 몰아넣고 있다. 대기업에 입사하기 위해서는 명문대를 나와야 하며, 명문대에 가기 위해서는 자사고, 특목고에 가야 하고, 이를 위해서는 국제중에, 그전에는 명문 사립초등학교, 영어 유치원에 다녀야 한다.

국제중이나 특목고를 가지 못하는 평범한 아이의 부모 역시 마찬가지이다. 이 사회에서 완전히 도태될지 모른다는 공포와 압박감에, 숨 쉴 구멍 하나 내주지 않은 채 그 죽음의 경주에 자기 아이를 세울 수밖에 없다. 이제 그 공포와 압박감에서 벗어나는 길은 한국에서 탈출하는 방법밖에 없다.

결국 큰누이는 다시 회사로 돌아갔다. 아이를 키우는 일이 천직이라며 주변의 만류에도 높은 봉급을 보장해 주던 회사를 그만두고 공동육아와 방과후 학교에 전념하던 누이였다. 아이를 키우며 그 어느 때보다 행복해했던 큰누이는 아이의 탈출을 위해 "문고리만 잡아도 불행이 밀려오던" 그 사무실로 다시 돌아갔다. 아이가 중학교에 들어갈 때쯤 아이를 데리고 한국을 탈출하는 것도 중요한 선택지 가운데 하나로 생각하고 있기 때문이다.

큰누이는 한국을 탈출한다면 지금 고등학생인 큰 조카도 데리고 나가고 싶단다. 큰 조카 역시 유감스럽게도 성적이 뛰어난 아이가 아니라 고만고만한 보통 아이기 때문이다. 내 아이가 탈락할지 모른다는 공포는 한국의 모든 부모로 하여금 아이를 무한 경쟁의 지옥에 밀어 넣거나, 한국을 탈출하는 꿈만을 가지게 한다. 평범하게 아이를 키우려던 큰누이의 꿈은 이렇게 무참히 박살났다. 평범함은 곧 탈락이기 때문이다.

평범함이 곧 탈락이라는 말은 탈락하지 않기 위해서는 이 사회에서 예외적 존재가 되어야 한다는 뜻이다. 국가 경제 발전을 위해서 수도권 규제 완화, 대기업 규제 철폐, 공공 부문 민영화, 종부세 폐지 등을 외치는 신자유주의는 '평범하지 않은 사람'을 위해 원칙과 규범에 대해 예외를 만들고 확장하며, 급기야는 그 예외가 규칙을 바꿔치기하는 체제이기 때문이다. 또한 좀 더 원론적으로 따져 보면, 근대국가의 주권과 인권, 시민권이 갖고 있는 보편성이 '평범하지 않은 사람'의 무한한 욕망에 족쇄가 되기 때문이다.

이렇게 한 국가와 사회의 정책이 원칙과 규범이 아니라 예외를 통해서 작동하게 되면, 민중의 저항이나 시민 단체가 정책에 개입할 수 있는 길이 원천적으로 봉쇄당한다. 신자유주의 시대를 살아가는 사람은 미래를 예측하고 계획하기는커녕 전망을 상실하고, 순간순간을 모면하면서 힘들게 살아나가는 존재로 전락하게 된다. 무엇보다 교육은 모든 국민이 태어나는 순간부터 평범하지 않은 사람이 되기 위해, 예외가 되기 위해 발버둥 치도록 만든다.

교육에서는 어떻게 예외가 원칙을 압도하는가?

2008년 발표된 4.15 자율화 조치는 교육에서 예외가 원칙을 대체해 버린 상징적인 사건이었다. 이 조치는 학교와 학원 사이에 놓여 있던 작은 구별마저 지워 버렸다.

0교시 금지 조치 해제 / 수준별 이동수업 금지 해제 / 심화 보충학습에 대한 지침 폐지 / 수능 이후 학원 수강, 학교 출석 인정 / 촌지와 불법 찬조금 안 주고 안 받기 관련 지침 폐지 / 교복 공동구매 권장 지침 폐지 / 부교재 채택 관련 지침 폐지 / 어린이 신문 단체구독 금지 지침 폐지 / 사설 모의고사 허용 / 방과후 학교에 사설학원 참여 가능

이러한 신자유주의 교육정책이 아이들을 무한 경쟁의 지옥으로 떨어뜨린다는 데에는 아무런 이견이 없을 테다. 하지만 이 조치 발표 뒤 교육 관련 단체들이 들끓자 당시 교육부 장관은 오히려 모든 국민이 좋아할 줄 알았다고 기염을 토했다.

이 모든 폐지와 허용 조치는 다수를 위한 원칙을 폐지하고, 소수를 위한 예외를 만들겠다는 의지일 뿐이다. 무한 경쟁의 촉발이라는 신자유주의의 현상을 넘어 그것을 작동시키는 방식으로서 '예외를 규범화'하는 정책이다.

0교시에 대한 지침 폐지는 이를 적나라하게 보여 준다. 현상적으로는 한때 기형적으로 운영되던 0교시, 혹은 마이너스 1교시가 부활했다고 볼 수 있다. 그러나 정책과 지침을 폐지했다는 측면에서 보면, 이는 단순히 '과거로 회귀했다.'는 문제라기보다는, 교육에서 신자유주의를 전면화하여 정책으로 규범화하겠다는 공공연한 주장과 다를 바 없다. 한걸음 더 나아가, 근대에 이루어 놓은 최소한의 공공성과 규범성이 어떻게 무력화되는가를 전형적으로 보여 주고 있다.

자연에서는 존재하지 않는 0이라는 수까지 동원해 공식적으로 만들어 놓은 0교시는 단지 수업 시간이 한 시간 늘어났다는 뜻만은 아니다. 이는 교육이 강제로 예외적 시간을 규범적 시간으로 바꾸어 놓았음을 보여 주는 섬뜩하고 상징적인 사건이다. 이제 1교시에 시작하여 9교시에 끝나는 정상적 공교육 시간은 오히려 텅 빈 시간, 의미 없는 시간이 되었다. 학교에서, 교육정책에서, 입시에서, 부모의 자식에 대한 교육 투자에서 0교시로 상징되는 존재하지 않는 예외적 시간이 더 중요하게 되었다.

0교시의 부활과 함께 아이들은 1교시에서 9교시까지 정상적인 수업 시간에는 합법적으로 잠을 청할 수 있게 되었다. 물론 예외가 된 소수의 아이들 대부분은 이 정상적 시간에도 혈투를 벌인다. 어쨌든 이 예외의 시간에 사활을 걸고 투자를 하고 관리하는 데서 결판이 난다. 그렇지 않으면 경쟁에서 낙오하고 만다. 따라서 규범적 시간은 의미가 없어졌다. 이제 예외가 원칙을 압도하고 더욱 의미 있는 시공간으로 떠올랐기에, 원칙은 예외를 배려하지 않으면 안 된다. 0교시부터 학교에 나와서 야간자율학습을 마치고 다시 학원으로 갔다가 새벽 2시에 잠드는 아이를 위해, 상대적으로 의미 없는 수업 시간을 운용하는 교사는 당연히 아이가 책상에 엎어져서 잠을 자더라도 배려해야 한다.

교육에서 예외가 원칙을 압도하고, 국가의 정책이나 개인의 성공에서 더 중요졌음을 단적으로 보여 주는 예는, 말도 많고 탈도 많은 자사고와 특목고이다. 원래 자사고와 특목고는 공교육 체계 안에서 예외적 교육 목적을 가지고 설립한다는 원칙을 갖고 있었다. 이것은 자사고나 특목고 도입을 적극 주장하는 이들조차 인정하고 있다.

하지만 외고와 과학고 같은 특목고를 외국어와 과학 능력을 기르기 위한 '특수 목적' 고등학교라고 보는 이는 거의 없다. 그저 명문대 진학률이 높은 입시 준비 기관으로 전락했을 뿐이다. 자사고 역시 학습자의 소질·적성 및 창의성 개발을 지원하고 학생·학부모의 다양한 요구 및 선택 기회 확대에 부응하려는 설립 취지와는 무색하게 명문대생 배출 사관학교가 되었다.

이렇게 자사고와 특목고처럼 비평준화 교육 영역에 진입하는 거사를 치르면서 교육에서 예외가 되기도 하지만, 또 하나의 전통적 방법인 '끼리끼리 모여 살기'를 통해서도 예외가 되려고 한다. 강남이 '교육 1번지'로 불리는 이유는 단지 강남 8학군 때문만이 아니다. 대치동 학원가로 대표되는 특별한 사교육은 강남의 아이들을 어린이집에서부터 유치원, 초등학교, 중고등학교, 대학교까지 책임진다. 그 사교육을 감당할 수 있는 사람끼리 모여 그룹을 형성하고, 정보를 공유하며, 더 좋은 강사를 모시고, 집안끼리 친밀한 관계를 유지하고, 대를 이어 공고한 커뮤니티, 성채, 대한민국의 특별한 게토를 만들고 있기 때문에 강남은 교육 1번지가 되었고, 더 나아가 대한민국 특구가 되었다. 그 첫 단추는 교육이지만, 거기에는 한 집안의 문화, 경제, 권력이 모두 촘촘하게 얽혀 있다. 그리고 고급화, 대형화된 아파트는 특별한 커뮤니티 형성에서 구름씨와 같은 역할을 하고 있다.

뉴타운, 교육과 결탁한 성채를 향한 욕망

서울의 아파트 문화를 연구한 프랑스의 지리학자 발레리 줄레조가 《아파트 공화국》에서 지적하고 있듯이, 한국에서 아파트는 중산층의 대표적 상징이다. 단순한 주거 공간이 아니라 자신의 신분을 드러내는 지표이며 미래를 위해 돈을 묻어 두는 가장 확실한 현재와 미래의 투자 대상이다. 1980년대만 해도 마당이 있는 단독주택이 서민의 꿈이었다면, 이제는 고품격 주거 환경과 질 좋은 학원이 있는 고급 대형 아파트 단지가 그 꿈을 대체하고 있다.

아파트 단지라는 성채를 쌓아 공고한 커뮤니티를 만들고, 외부와의 사회적 커뮤니케이션을 단절하는 일은 돈을 버는 지름길이 되었다. 대규모 건설 기업은 브랜드 아파트를 내세워 그 꿈과 욕망을 부추기고 있다. 이는 아파트 자체의 특성이나 기능보다는 커뮤니티를 강조하고, 낯 뜨거울 만큼 차별화를 강조하는 아파트 브랜드 광고에서 잘 드러난다. 심지어 '캐슬'이라는 아파트 브랜드 이름은 신자유주의 사회와 아파트의 관계를 그대로 보여 준다.

그 아파트 단지에 입성하기만 하면 제2의 강남 주민이 되어 대대로 '예외가 된 특별한 사람'이 될 수 있다고 말하는 듯하다. 한국에는 부와 계급을 대물림할 수 있는 특별한 아파트 단지에 살 수 있는 사람과 그렇지 못한 사람, 이렇게 두 부류의 사람이 있다.

최근 뜨거운 감자가 된 뉴타운에 사람들이 다 발가벗고 뛰어든 이유 가운데 하나는 뉴타운으로 지정되면 그 안에 자사고나 특목고가 들어서리라는 기대 때문이다. 자사고나 특목고가 들어와 교육 여건이 향상되고, 윈-윈 게임으로 교육 여건과 아파트의 자산 가치가 올라가면 자신의 계급과 계층의 지위를 대를 이어가며 안정적으로 세습할 수 있으리라는 기대 말이다. 이는 아파트 가치 상승과 교육 여건의 고리를 통해 또 하나의 강남이 되고자 하는, 전 국민적인 욕망이라고 할 수 있다.

이러한 상황에서 자사고와 특목고를 통한 특성화, 다양화에 대한 기대는 거의 찾아보기 힘들다. 이 예외적 공간은 국가와 국민의 욕망과 정책을 압도하고 있다. 뉴타운이라는 예외 속에 포함되어 있는 자사고와 특목고, 교육 특구라는 예외는 국가의 정책과 사람이 움직이는 제1 원리이다.

지난 2008년 18대 총선에서 뉴타운 공약이 불러온 광풍은 이 예외적 공간에 들어가기 위한 피나는 경쟁, 몰락의 공포로부터 예외가 되기 위한 열망이 얼마나 대단한지 적나라하게 보여 주었다. 누구나 인정하듯이 지난 총선에서 여당이 서울 지역에서 압승을 거두는 데는 뉴타운 공약이 결정적이었다. 특히 강북의 한 지역은 여론조사가 시작된 이후 줄곧 7~8%를 앞서 갔지만, 뉴타운 공약에 무너졌다. 여론조사에 따르면 이들은 그때까지 진보 진영에 가장 충실한 지지자들이었다. 하지만 이들은 자신의 경제적 이익을 지키기 위해 정치적 소신을 저버리고 말았다. 드디어 계급의 이해를 반영하여 투표를 한 첫 번째 강북 지역이 나온 셈이다. 물론 강남 지역은 오래전부터 그러한 투표를 해 왔다.

뉴타운을 둘러싼 이 정치적 소동은 신자유주의가 예외라는 기제를 작동시켜 어떻게 민주주의와 주권을 압도하고 국민을 내부로부터 분할하는지 여실히 보여 준다. 뉴타운에 몰표를 던진 이들처럼 신자유주의 사회에서는, 먼 미래에 많은 사람이 함께 사는 모습을 생각하지 않는다. 그저 현재와 가까운 미래만을 내다보며 자신의 경제적 이익만을 계산할 뿐이다.

2007년 8월에 한국의 수도 서울, 그 중앙에 우뚝 선 남산에서도 성채를 향한 욕망을 그대로 드러낸 사건이 있었다. 중구에서 가장 비싼 아파트 가운데 하나인 남산 타운에 사는 주민들이 주변에 동호공고가 있어 아파트 값이 오르지 않자, 초등학교를 지어 달라는 민원을 통하여 공고를 폐교하려고 한 것이다. 더구나 교육청은 이에 부화뇌동하여 폐교를 행정예고까지 하였다.

애초에 남산 타운에는 초등학교가 없었다. 학교 용지 분담금을 내지 않기 위해 타운을 세 개로 쪼개서 단지를 만들었기 때문이다. 그랬던 이들이 아파트 값 상승에 별로 도움이 되지 않는 공고를 밀어내고 그 자리에 초등학교를 짓자고 한 것이다. 교육청이 이 압력에 굴복하여 행정예고를 내자 남산 타운에 현수막이 붙었다고 한다. '축 동호정보공고 이전'이라고 말이다. 다행히 국민의 빗발치는 반발에 결국 교육청이 항복하여 폐교를 없던 일로 하는 것으로 이 소동은 종결되었다.(《오마이뉴스》 2007년 8월 29일자)

하지만 이 소동은 고급 아파트를 소유한 특권층이 사회 계급과 계층에 따라 국가라는 공간을 임의로 분리하고, 자산 가치를 높이기 위해서 자신의 거주지를 예외적 공간으로 만들어 그 주변의 공공성을 파괴하기까지 하는, 신자유주의적 욕망의 단면이 적나라하게 드러난 경우이다. 여기서 한발 더 나아가, 주변에 임대아파트와 분양아파트가 있으면 철조망까지 치는 경우도 있다고 한다.

뉴타운 개발은 대도시에서 낙후된 지역을 개발하는 방식 가운데 하나이며, 도시 내에서 어떤 공간을 예외적으로 지정하는 일이다. 그러나 이명박 대통령은 서울시장이었을 때부터 지금까지, 서울시 전체를 싹 밀어 버리고 뉴타운 식으로 개발하고자 한다. 뉴'타운'이 아니라 뉴'서울' 계획이라 할 만하다. 한국에서 뉴타운은 예외가 아니라, 어느덧 전체 도시 계획을 압도하는 원칙이 되어 버렸다.

하지만 애초의 취지대로 예외적으로 뉴타운을 건설한다면 문제는 더욱 심각하다. 예외가 되면 될수록 뉴타운을 통해서 자산 가치가 2~3배 걷잡을 수 없이 증가하게 될 테고, 누구나 다 이 예외에 자신을 배치해 달라고 시위를 하고, 이 예외에 들어갈 가능성이 보이면 자신의 정치적 신념도 헌신짝처럼 버릴 테니 말이다. 말 그대로 원칙이 아니라 예외에 속해야 신자유주의에서 살아남는 특권을 얻으니까.

엄마도, 아이도 신자유주의자가 되다

신자유주의에서 살아남는 특권을 갖는 예외가 되기 위해 개인이 해야 하는 일은 무엇인가? 그것은 자신이 가진 모든 것을 투자의 대상으로 보고 관리하는 습관이고 능력이다. 2008년 나의 강의를 들었던 한 학생이 공무원으로 취업에 성공한 뒤, 자기가 취업 준비를 어떻게 했는지 보고서를 써서 보여 줬다. 이 보고서는 신자유주의 사회에서 요즘 아이들이 어떻게 스스로를 관리하고 자기를 다잡아야 하는지를 잘 보여 준다.

1. 가지고 있는 책은 무조건 30번씩 읽어라

시간이 없다고 반복을 소홀히 하는 분들이 많습니다. 처음엔 시간이 많이 걸리지만 반복하면 할수록 점점 걸리는 시간은 줄어듭니다. 물론 대충 보라는 뜻은 아닙니다. 충분히 반복하는 것은 학습에 많은 효과를 가져옵니다.

2. 잡생각 하지 마라

붙기 위한 시험입니다. 공무원 하나에 포커스를 맞추어 온 신경을 집중해야지 딴생각 할 겨를이 없습니다.

3. 규칙적인 생활을 해라

사람은 규칙적인 사이클로 돌아갈 때 가장 좋은 컨디션을 발휘합니다.

4. 모의고사에 연연하지 마라

모의고사에 일희일비하는 분들 많습니다. 모든 시험은 끝난 순간 잊어버리십시오. 계속 생각한다고 점수가 오르지 않습니다. 그래도 모의고사를 통해서 자신의 약점을 분석할 필요는 있습니다.

5. 운동 꼭 해라

시간에 쫓기고 귀찮다 보니 대부분의 수험생이 운동에 소홀합니다. 운동을 통해 땀을 빼면 머리도 맑아지고 집중력도 향상됩니다.

6. 아는 사람을 만들지 마라

사람을 만나게 되면 어떻게든 시간이 듭니다.

이 학생은 “혼자인 덕분에 점심을 먹으면서 입으로는 음식을 씹어 넘기고, 눈으로는 글자를 씹어 넘기면서 보냈고, 버스 타고 도서관 오가는 중에는 단어를 녹음해서 들었고, 집에 가면 매일 40분 정도 조깅을 했다.”고 한다. 혼자라서 가능했고, 이 가능성을 위해서 혼자가 되었다. 그저 단순하게 안 자고 공부하면 된다는 식으로는 취업에 성공할 수 없다. 잠을 관리하는 일도 중요하다. 그래서 "자는 일 역시 중요한지라 7시간은 자도록" 하였다. 이 학생은 이 모든 것을 "철드는 것"이라고 표현했다. 잠깐 감동하고 다짐하기보다 행동으로 옮기는 일이 중요하고, 행동으로 옮기기 위해서는 엄격한 자기 절제가 필요하다는 뜻이다. 그것이 철드는 것이다.

서울의 명문대를 다니는 다른 학생도 마찬가지였다. 의료전문대학원 입학을 준비하는 한 학생은 사람을 만나면 시간을 많이 빼앗기기 때문에 연애도 하지 않고 섹스 파트너만 두고 있다고 했다. 그리고 그 섹스 파트너도 너무 자주 만나면 공부에 방해가 된다는 이유로 스스로 대단히 절제하면서 만난다고 했다. 혼자만의 감정에 빠지지 않기 위해서 가장 필요한 덕목이 절제이다. 사랑은 취업의 가장 큰 적이다.

취업을 앞둔 대학생뿐만이 아니다. 신자유주의 체제가 본격화되면서 아이들도 일찍부터 자신의 몸과 시간, 가족이나 친구, 친척 간의 관계를 관리하고 잘 운영하여 자산으로 만들 수 있도록 훈련받는다. 자기 관리를 통해 현명한 소비자와 투자자가 되어야만 살아남을 수 있기 때문이다. 요즘에는 아이들조차 공부를 하는 가장 근본적인 이유로 자아실현이나 꿈을 들지 않는다.

얼마 전 만난 한 어머니는 상당히 똑똑하고 사회에도 관심이 많은 자기 아이에 대해 자부심이 많았다. 그런데 자기 아이가 미래의 꿈에 대해 하는 이야기를 들으며 절망하였다고 털어놓았다. 어느 날 아이가 자기는 커서 수학 선생이 되겠다고 하더란다. 보통은 그냥 교사가 된다고 하지 수학 교사가 되겠다고는 말을 하지 않는 터라, "왜 하필이면 수학 선생이냐?"고 물었더니 아이의 대답이 걸작이었다. "곰곰이 수업을 들여다보니, 다른 과목들은 변화가 빨라서 늘 새롭게 공부해야 하더라고요. 그런데 수학은 원리만 알면 그거 하나로 계속 써먹을 수 있잖아요. 그러니 평생 공부를 별로 하지 않아도 편하게 선생 할 수 있지 않을까요?"란다. 그 소리를 들은 어머니는 자기 딸이지만 혀를 내둘렀다며 고개를 절레절레 흔들었다.

이 아이는 누가 가르쳐 주지 않았는데도 이 사회에서 공부가 미래를 위한 투자임을 일찍부터 잘 알고 있는 셈이다. 경쟁에서 살아남기 위해서는 미래에 가장 환금성이 높은 학력 자본을 쌓아야 한다. 항상 자녀의 주위를 맴돌며 보살핀다고 해서 '헬리콥터 맘'이라 불리는 중산층 엄마들은 아이를 피트니스 센터에 보내고, [r] 발음을 잘하기 위해 혀 밑을 자르고, 일찍이 성형수술을 시키는 등 아이의 신체 자본 역시 관리한다.

이 헬리콥터 맘의 주요 임무 가운데 하나는 아이의 인력 관리이다. 헬리콥터 맘은 아이를 대신해서, 아이가 누구를 만나 어떻게 친분을 쌓아야 하는지 관리해 준다. 부모는 아이가 친척이라든가 친구처럼 아주 가까운 사회관계를 관리하는 법을 가르쳐야 한다.

미국이나 호주의 중국계 이민자 사회를 보면 이러한 면이 잘 드러난다. 설날이나 추석 같은 명절에 중국의 전통에 따라 아이들은 친척을 방문한다. 얼핏 보면 전통을 소중히 하는 태도 같지만, 실상은 전혀 다르다. 미국이라는 나라에서 소수계로 살아가야 하는 중국인으로서는 기댈 수 있는 사회적 자원망이 친척밖에 없기 때문에, 어려서부터 친척의 관계망 안에서 어떻게 자신의 사회 자본을 쌓아야 하는지 배운다. 즉 헬리콥터 맘은 아이의 사회 자본 매니저라고 할 수 있다.

관계의 자원화, 아니 자본화가 이루어지고, 그것이 부모에 의해 관리되고 자식에게 전수되는 이러한 모습은 바로 전통의 신자유주의화이기도 하다. 아직 한국에서는 이런 모습이 본격적으로 나타나고 있지 않지만 그리 멀지 않은 일인 듯하다. 아이 혀 밑을 자르고 외국 어학연수를 보내는 문화 자본만으로는 이 무한 경쟁에서 살아남기 위한 실탄이 충분하지 못하다면 마지막 남은 노다지가 바로 사회 자본이기 때문이다.

이 추세대로 중산층이 부를 세습하고 재생산하기 위해 더욱더 격렬하게 피 튀기는 격전을 벌인다면, 한국의 어머니가 자식을 위해서 '명절 증후군'쯤은 간단히 극복하고 나서서 시댁은 물론, 친정집의 사촌의 팔촌까지 아이 손잡고 뛰어다닐 날이 멀지 않았다. 이런 헬리콥터 맘의 관리 아래 아이는 어려서부터 자기 몸과 시간, 사회적 관계에 대한 투자자이자 자본가로 훌쩍 크게 될 테다.

2

청년, 시한부 사랑을 하는 무산자 계급이 되다

지방대생과 비정규직의 운명

지방대를 나와 서울에서 취업 준비를 하는 먼 친척 동생 형석을 얼마 전까지 데리고 있었다. 공수특전단을 나올 만큼 건강했던 형석이었는데 지금은 취업 스트레스 때문에 만성위염에 시달리고 있다. 구직을 위해 많은 노력을 했지만 지방대 비인기 학과를 나온 그에게 돌아갈 일자리는 없었다.

서울에 올라와서 취업 준비를 하는 통에 여자 친구와도 헤어졌다. 군대 제대 뒤 취업 준비를 하는 동안 만난 새내기 여학생이었다. 사랑과 열정을 호르몬의 작용으로 보는 생리학자들의 주장에 따르면, 적어도 석 달 동안은 아무런 사회적 조건에 대한 고민 없이 뇌를 들뜨게 하는 열정적 사랑에 빠졌어야 옳다. 그러나 그 둘의 사랑은 시작부터 슬픈 것이었다. 앞에서 이야기했던, 이미 오래전부터 사랑도 투자의 대상임을 잘 알고 있는 부자들과는 상당히 대조적인 풍경이다.

형석 이야기 : 지방대생의 슬픈 사랑 노래

형석의 새내기 여자 친구는 학교에 들어오자마자 머리를 싸매고 서울의 대학으로 편입을 준비했다. 그녀의 인생에서 성공은 오로지 이 편입에 달려 있다고 봤기 때문이다. "여자 친구의 편입이 성공하여 지방을 뜬다면 당연히 헤어질 수밖에 없는 상황이었다."고 형석은 담담하게 이야기했다. 여자 친구의 성공을 진심으로 바랐지만, 자기와의 헤어짐을 뜻하는 그 성공이 마냥 좋기만 하지는 않았다.

이미 편입에 실패하여 서울 입성을 하지 못한 채 지방대를 졸업한 형석도 취업 준비로 그 지방을 떠야 했다. 역시 자신에게도 인생의 사활이 걸려 있는 일이었기에, 서로의 거취가 결정될 때까지 기다린다거나 하는 일은 꿈도 못 꾸었다. 둘의 삶은 둘이 조절하고 기획할 수 있는 일이 아니라, 가뭄에 콩 나듯이 주어지는 몇 번의 기회를 놓치지 않도록 최대한 맞추어져야 했기 때문이다.

그렇게 서로 엇갈리는 시간을 보내면서, 시작한 지 얼마 되지도 않은 그들의 연애는 곧 깨질 수밖에 없었다. 형석은 지방대생의 사랑은 슬픈 것이라고 말했다. 지방대에서는 어느 한 쪽이든 서울로 더 일찍 떠날수록 경쟁에서 성공한 삶이기 때문이다. 떠남이 미리 전제되고 축하해야 할 일이 된 곳에 머무르는 두 마리 철새의 사랑은 슬프지 않을 수 없다.

실제로 2008년 전문대학 이상 졸업자 가운데 정규직 취업률은 56.1%(28만3천610명), 특히 4년제 대학교 졸업자의 정규직 취업률은 48%였으며, 비정규직 취업률은 18.8%(9만4천824명)였다. 또한 재적 인원이 5천 명 이상인 대학을 대상으로 정규직 취업률 상위 50개 대학을 살펴보면, 서울 지역 대학이 18곳, 경기, 충남 지역 대학이 각각 6곳으로 전체의 60%를 차지했다. (《동아일보》 2008년 12월 2일자) 이렇듯 이 시대 청년들, 특히 지방대를 졸업한 이들은 불안정한 노동에 자신을 맡기고 슬픈 사랑을 할 수밖에 없다.

몇 년 사이 형석은 세상에 주눅이 들 대로 들어 있었다. 대학을 졸업하기 직전까지만 해도 이 정도일 줄은 몰랐다며 형석은 눈물을 흘렸다. 패스트푸드점 아르바이트, 중증장애인 도우미 등 온갖 일을 다 해 본 형석은 지금 토익 시험을 준비하고 있다. 토익 시험을 왜 보냐고 물었더니 처음에는 취업 준비라고 했다가 다시 속마음을 털어놓았다. "나도 세상이 인정하는 무엇인가를 하나라도 잘해서 이 세상에 소속된 사람이라는 느낌을 갖고 싶어서."란다.

형석과 함께 서울에서 취업을 준비하던 같은 대학 친구는 부모님 신세를 지기 싫어 호스트바를 나갔다고 한다. 나는 어려운 결정을 한 친구보다 "그 친구는 잘생기고 신체도 건장해서 호스트바에서도 일할 만하다."라고 말하는 형석의 모습에 더 충격을 받았다. "그래도 호스트바에서 일하는 것만큼은 말려 보지 그랬냐."고 했더니 형석은 "그럼 어떻게 해요, 먹고살아야죠."라고 반문했다.

형석의 이야기를 들으면서 얼마 전 진행한 연구에서 들었던 한 십대 후반 여성의 이야기가 떠올랐다. 일찌감치 학교를 때

려치우고 원조 교제 비슷한 성매매를 하는 아이였다. 돈도 꽤 번다는 그녀는 "세상에서 제일 불쌍한 것들은 못생긴 것들이에요."라고 주저 없이 말했다. 학교도 제대로 나오지 못하고 못생긴 것들은 어디 가서 제대로 밥벌이도 할 수 없다는 말이다. 그럴 경우 발이 퉁퉁 붓도록 편의점이나 주유소에서 아르바이트를 하는 수밖에 없는데, 그나마 자기는 예뻐서 다행이라고 했다.

우석훈은 《88만원 세대》에서 경제적으로 독립하지 못해 동거를 할 수 없기에 지속 가능할 수 없는 십대들의 섹스를 "슬픈 섹스"라고 불렀다. 그런데 과연 경제적으로 독립을 한다고 해서 88만원 세대의 섹스와 연애는 달라질까? 아니다. 결코 달라지지 않는다. 노동의 비정규직화가 이루어지면서 그들의 경제적 독립은 잠정적이고 일시적인 독립이 되었으며, 노동의 세계화로 공간적 안정성 역시 일시적일 수밖에 없기 때문이다. 신자유주의가 불러온 노동의 유연화는 언제나 일시적이고 잠정적이기에, 연애와 사랑, 가족처럼 한정적 시공간에서 오랫동안 지속되어야 하는 인간 사이의 친밀함과 유대감, 연대의 틀과는 도무지 맞지 않는 노동의 형식이다.

주위를 둘러보라. 자식의 경쟁력을 향상시키기 위해 부부가 졸지에 남남이 되어 살아가는 기러기 가족이며, 돈을 벌기 위해 가족과 생이별하고 타국으로 건너간 이주 노동자들의 원격 가족 등이 이제는 결코 나와는 먼 남의 이야기가 아니다.

물론 남녀 간의 사랑이나 가족 같은 친밀한 관계가 모두 다 신자유주의 때문에 위기에 빠졌다고 이야기할 수는 없다. 더구나 한국은 그동안 가족의 관계가 지나치게 끈끈해서 사람 숨통을 졸라매던 사회이지 않았던가. 결혼하지 않은 노총각, 노처녀, 아직 취업을 하지 못한 청년이 명절에 집에 내려가지 않으려는 가장 큰 이유가 바로 이 친척의 지나친 관심 때문임을 생각해 보면, 가족주의의 해체도 그 나름대로 이유가 있고 무조건 나쁘다고만 매도할 수도 없다.

더구나 애초에 가족을 꿈꾸어 보지도 못하는 성 소수자나, 가족을 만든다 해도 사회보장이 거의 없어 힘든 삶을 살아야만 하는 장애인의 입장에서는 더 말할 필요도 없다. 또한 청소년들 사이에 인터넷을 통해 유행처럼 친밀한 관계가 만들어지는 현상은 기존의 숨 막히는 인간관계에 대한 반발이기도 하다. 사람들은 좀 더 느슨하고 민주적이고 평등하게, 자기중심으로 관계를 맺을 수 있는 공간에 대해 오랫동안 갈망해 왔는데, 인터넷을 통하여 가족을 탈출하여 풀고 있는 셈이다.

이렇게 본다면, 사랑과 가족에서 생겨난 어떠한 위기는 여성 운동이나 성 소수자 운동 등이 활발해지고 사랑이나 가족관계에서 민주주의와 평등이 확장되면서 자연스럽게, 올바르게 진행된 일로도 볼 수 있다.

그러나 기러기 가족, 원격 가족, 지방대생의 슬픈 사랑 같은 문제는 인간관계가 민주화되면서 자연스럽게 불안정해지는 현상과는 거리가 멀다. 신자유주의 사회에서는 지속적이면서 안정적으로 친밀한 관계를 형성할 기회조차 아예 봉쇄당하고 있다. 인간의 유대 관계 자체가 부정되고 붕괴하고 있다.

자본의 전 지구화가 이루어지면서 인간의 노동은 이동성이 강하면 강할수록 더 부가가치가 높다고 평가를 받는다. 잘나가는 글로벌 엘리트의 삶을 보라. 오늘은 뉴욕, 내일은 홍콩, 모레는 도쿄로 이동하며 산다. 그 한편에서는, 많은 사람이 먹고살 길이 없어 이주 노동을 하기 위해 세계를 떠돌아다닌다. 두 부류의 삶은 천양지차이지만, 두 경우 모두 공간적 유연성이 그 사람의 가치를 평가하는 핵심이다.

너무 잘나가서 이 나라, 저 나라를 전광석화처럼 움직이는 사람이나, 한 푼 두 푼 벌기 위해서 전 세계를 떠돌아다닐 수밖에 없는 사람이나 삶의 안정성이 없기는 매한가지이다. 안정성이 없는 삶에 안정적인 사랑이 존재할 리가 없다. 특히 사회계층의 사다리에서 아래로 내려가면 내려갈수록 이 경향은 더 심해지고 있다.

그러나 아래쪽 계층 사람은 시공간을 압축하여 넘나드는 글로벌 엘리트의 유목민적인 삶을 상상할 수도 없거니와 동경하지도 않는다. 나는 2008년부터 연세대학교 원주캠퍼스에서 문화인류학을 강의하고 있는데, 학생들이 전 세계를 넘나드는 유목민적인 삶보다는 한국에서 사랑하는 사람과 알콩달콩 사는 소시민적인 삶을 더 선호하고 꿈꾸고 있음을 알고는 많이 놀랐다. 이들에게는 선택의 여지가 없다. 취업이라는 단 하나의 생존 수단이 위협받는 상황에서 사랑 따위는 사치에 불과하다. 그럼에도, 신자유주의 사회에서는 이러한 '강요된 선택'을 개인의 선택이라고 말하고 있는 게 현실이다. 《내니 다이어리 Nanny Diary》는 뉴욕에 와 있는 가사 노동자가 겪고 있는 삶의 한 단면을 잘 보여 주고 있는 영화이다. 이주 노동을 온 한 여성이 "먹고살기 위해서 내 아이는 고향에 두고, 여기 와서 다른 아이를 보살피고 있어요. 내 아이를 먹여 살리기 위해, 내 아이를 사랑해 주지도 못하면서 다른 아이를 사랑하고 있죠. 물론 이것은 제가 선택한 것이에요. 하지만……"이라며 자신의 삶을 한탄하는 장면이 있다. 되물어 보자. 이 여성이 한탄하는 자신의 처지를 과연 그녀의 선택이라고 할 수 있을까? 그녀에게 선택의 자유가 있었고, 그녀는 자신의 자유의지에 의해서 결정을 했다고 할 수 있을까?

생존을 위한 개인의 선택이라는 이름으로 사랑을 불가능하게 만드는 또 다른 한 축은 노동의 유연화, 즉 비정규직화이다. 88만원 세대가 먹고살기 위해서 하고 있는 일은 대부분 비정규직이다. 비정규직은 대부분 그 유효기간이 1년, 2년이며, 길어야 4년에 불과하다. 하지만 사랑과 가족은 장기적이고 안정적인 시공간이 전제될 때 가능하다.

특히 아이를 키우는 일은 최소한 자신이 15년에서 20년 동안 어떻게 살지에 대해 예측 가능할 때에나 가능한 엄청난 일이다. 자신의 수입이나 사는 곳, 사는 방식에 대해 이 정도 예측이 가능하지 않다면 아이를 낳는 일은 엄두도 낼 수 없다. 그런데 1년, 2년, 4년짜리 비정규직이 어떻게 감히 아이를 낳고 기를 수 있단 말인가?

이처럼 노동의 시간과 공간에 근본적인 변화가 온 이상, 사랑과 가족 같은 친밀한 관계는 위기를 맞을 수밖에 없다. 노동을 하지 않으면 살아갈 수 없는 사람은 노동과 시장을 따라 어느 곳에도 안주하지 못하고 유랑민처럼 흘러 다니고 있다. 이건 한가한 사람이 낭만적으로 묘사하고 있는 유목민의 삶이 아니다. 오히려 전쟁 통에 보따리 싸서 이리저리 다니면서 이산가족으로 흩어져 사는 피난민의 삶에 더 가깝다. 무엇보다 노동과 시장이 안정적인 시공간에 놓이지 못하면, 삶은 결코 안착될 수 없다.

상황이 이러한데도, 보수주의자들은 가족과 사랑이 불안정해지고 있는 원인을 자신들의 정책에서 찾지 않고, 오히려 여성 운동이나 성 소수자 운동을 공격한다. 한국에서 몇 년 동안 지속되고 있는 동성애자들의 인권에 대한 보수주의자들의 공격, 호주제 폐지를 둘러싼 논쟁, 한 여배우의 죽음 이후 불붙은 친권에 대한 보수주의자들의 공격만 봐도 쉽게 이해된다. 보수주의자들은 출산율의 저하, 이혼율의 증가, 가족 해체 등이 성 문화가 문란해지고 도덕적으로 타락해서 벌어지고 있는 일이라고 주장한다. 그러나 가족의 가치를 뒤흔들고 있는 근본 원인은 보수주의자들이 의도적으로 잘못 공격하고 있는 성 소수자나 이혼의 증가가 아니라, 신자유주의 그 자체이다.

사랑을 소비할 수밖에 없는 시대

신자유주의는 "더 이상 전통이나 제도에 기대어 자신의 외로움을 달래거나 이익을 방어하려고 하지 마라.", "당신에게는 모든 것이 열려 있다."라고 이야기한다. 영국의 대처 전 수상은 "사회 따위는 없다. 남자와 여자, 가족만이 있을 뿐이다."라고 신자유주의의 교의를 선언하였다. (And you know, there is no such thing as society. There are individual men and women, and there are families.)

좀 더 정확하게 이야기하면, 사회적인 것은 없었다기보다 신자유주의에 의해서 완전히 파괴되었다. 신자유주의는 그 폐허 위에서 "이제 너희는 자유이니 너희가 알아서 서로 친밀한 관계를 형성하고 지켜 가라!"고 이야기하며 사람들을 광야로 내쫓고 있는 셈이다. 인간이 정서적 안정과 삶의 의미를 찾는 사랑과 가족 같은 친밀한 관계는 안정적인 공간에서 누려야 하는 권리가 아니라, 자신이 누리고 싶으면 스스로 알아서 만들어야 하는 책임이 되었다.

이제 사랑의 자리는 경쟁이 차지했다. 경쟁에서 승리하려면 언제든 자신의 사랑과 친구를 포기하고 파괴하여야 한다. 친밀함이나 유대감은 경쟁 관계 속에서 일시적이고 불안정하게 되었다. 특히 지금의 청년과 청소년이야말로 피난민의 삶을 온몸으로 살아가야 하는 이들이다.

이런 피난민의 삶을 가장 극적으로 보여 주는 사람이 바로 이주 노동자이다. 이들은 신자유주의 세계화의 국제질서 속에서 파탄이 나 버린 제3세계에서 살아남고자 가족을 뒤로 하고 이주 노동을 떠난다. 필리핀이나 스리랑카, 네팔과 같은 나라에서는 결혼하고 나서 그 결혼을 통해 만들어진 가족을 유지하기 위해 이주 노동을 떠나면 가장 성공했다고 평가받는다. 가족을 유지하기 위해 가족이 흩어지고 헤어져야 하는 모습은 신자유주의 사회에서 노동의 세계화가 만들어 낸, 웃을 수 없는 역설이다.

글로벌 엘리트는 글로벌 엘리트대로, 이주 노동자는 이주 노동자대로, 청년 실업자는 청년 실업자대로, 흔히 이야기하는 사랑은 그들에게 불가능하게 되었다. 물론 앞에서 얘기했듯이, 가족은 사랑이라는 이름으로 여성과 어린이에게, 가족을 구성할 수 없는 사람에게 눈물과 한숨을 뽑아내는 그런 제도가 아니었느냐, 언제 그런 사랑이 존재하기는 했었느냐는 냉소적인 비판도 당연히 나올 수 있다.

하지만 적어도 그런 사랑이 존재한다고 믿으며 그것을 가치로 받아들이는 상황이어야, 사랑을 민주화하고 가족주의를 넘어 사랑과 우애를 바탕으로 하는 사회적 연대를 꿈꾸고 주장할 수 있다. 사람과 사랑을 가치로 여긴다는 말은 그것을 위해 내가 무엇을 희생할 수 있다는 뜻이다. 하지만 지금은 상황이 근본적으로 다르다. 지금은 사랑을, 사랑을 이야기하는 사람을 냉소하는 시대이다. 이렇게 사랑이 불가능한 시대에 이제 우리는 서로 사람과 사랑을 소비할 수밖에 없다. 이런 시대에 누가 사랑 때문에 직업이나 다른 기회를 걷어찰 수 있단 말인가? 그러기에 나는 형석이나 그의 여자 친구를 쉽게 비난할 수 없었다.

모든 것이 시한부가 되어 버린 시대에 시한부를 넘어서려는 인간의 노력인 사랑은 간단하게 무시된다. 여기에 관계에 대한 존중이 있을 리 없다. 우리 모두는 서로의 정서적 안정에 필요한 일시적인 소모품이 되어 버렸고, 우리 모두는 다 외로워졌으며, 그 외로움을 인간의 운명으로 받아들이게 되었다. 그것을 극복하려는 노력은 어리석은 짓이다. 신자유주의에서 깨져 버린 것은 바로 이러한 인간의 가장 소박한 꿈, 사랑이다.

영등포 역 앞에는 외로운 아저씨들을 안아 주고 5분 동안 키스해 주는 '서비스 산업'이 번창하고 있다고 한다. 성적 쾌락과 위로를 함께 제공하는 전화방, 성인 전용 PC방, 이미지클럽, 결혼 상대를 찾아 주는 결혼정보회사 등도 마찬가지이다. 이 시대에는 외로운 인간을 대상으로 하는 엔터테인먼트 산업이 번창하고 있다. 과거에는 이러한 엔터테인먼트 산업을 향락 산업이라고 불렀지만 지금은 차라리 위로 산업이라고 부르는 게 더 맞아 보인다. 단지 섹스뿐만이 아니라, 위로와 안정, 보살핌 같은 다양한 정서가 팔린다. 홍콩 같은 나라에서 아이를 정서적으로 돌보는 일은 보모가 맡고 있고, 부모는 아이의 진로 매니저 역할을 하는 것도 같은 맥락에서 볼 수 있다. 이렇듯 신자유주의 사회에서는 인간의 체온을 느낄 수 있는 하나 하나가 다 파편화되어 상품으로 팔려 나간다.

모두가 나를 "고객님!"이라 부르면서 하나같이 판에 박은 웃음을 던지고 있다. 취업이 아니라 실업이 원칙이 된 시대에 길거리를 헤매는 청년과 청소년을 기다리고 있는 유일한 일자리는 바로 이 위로 산업 care industry 이다. 나에게 정서적 안정을 주는 인간의 체온이 모두 다 서비스 산업으로 전환하고 있는 이 시대에 우리는 정녕 위로받으면서 행복한가?

신자유주의 시대의 고전적인 노예 계약

이러한 위로 산업에서 자기 몸을 상품화하여 거둬들인 수입이 다 자기 몫으로 돌아오지는 않는다. 실제 내 몸과 사생활로 이윤을 창출하고 챙겨 가는 주인은 따로 있기 때문이다. 그들이 이윤을 챙겨 가는 방식 가운데 가장 고전적인 것은 노예 계약이다. 고전적이라고는 하지만 여전히 무시하지 못할 정도로 많은 곳에서 일어나고 있다.

신자유주의뿐만 아니라 자본주의 자체가 이전의 반자본주의적인 노예적, 봉건제적 착취 형태를 근대적 형태로 전환한 체제가 아니다. 오히려 자본주의는 이윤 창출을 위해 반자본주의나 비자본주의적인 요소를 자본주의 안에 용인해 두는 체제이다. 이것을 비동시성의 동시성이라고 한다. 때로는 반자본주의나 비자본주의적인 요소를 관광 산업이나 연예 산업, 스포츠 산업처럼 가장 발달된 자본주의의 산업, 즉 서비스 산업에 도입하고 있다. 고부가가치라고 하는 가장 최첨단 산업의 핵심에서 가장 비자본주의, 반자본주의적인 노동 계약이 횡행하고 있는 셈이다.

그 단적인 예가 운동선수와 연예인의 계약이다. 지금은 이미 위법으로 판결이 났지만, 지난 2006년 한 엔터테인먼트사와 CF 모델 A씨 사이에 있었던 분쟁은 이를 잘 보여 준다. 그렇다고 A씨가 맺은 계약이 특별한 경우는 아니었다. 연예계에서 관행처럼 되어 오던 그대로였다. 그 가운데 '첫 번째 음반 발매 뒤 10년째 되는 날 전속 계약을 종료하는 것으로 하면서, 이 계약 내용을 위반할 경우 A씨는 엔터테인먼트사가 투자한 금액의 5배, 잔여 계약 기간 동안 예상되는 이익금의 3배, 여기에 3억 원을 추가로 배상해야 한다.'는 부분이 핵심적인 내용이었다.

모델에게 10년이라고 하는 세월은 자신의 노동으로 돈을 벌 수 있는 평생과 마찬가지이다. 이런 점을 감안해 보면 평생 노예살이를 하라는 계약과 다름없다. 사정이 이러하니 연예계나 스포츠계에서 이러한 계약을 노예 계약이라고 할 만하다. 다행히 재판부는 연예 산업이 초기 투자 비용이 많이 드는 특성이 있지만, 성공하였을 경우 많은 수익이 발생하고 선택에 따른 위험은 투자자가 책임져야 한다며 계약을 무효화하였다.

사실 이런 형태의 계약은 신자유주의 사회 이전에도 존재했다. 성매매업소에서 포주와 성 노동자 사이에 맺어지던 계약이 바로 이런 형태였다. 결국 신자유주의 사회에서 관광 산업, 연예 산업을 넘어 많은 산업에서 노동 계약의 모델은 이런 노예 계약 형태라고 할 수 있다. 최근에는 이런 노예 계약에 대한 비난을 의식해서 살짝 변형을 가하고 있다. 이들 노동자를 '노동자'가 아니라 '자가 고용자'로 전환시키는 방법이다. 그런데 오히려 치명적인 변형이다. 고용자의 법적인 의무는 피해가면서, 실질적인 권리는 행사하는 교묘한 관계이다.

이러한 변칙 역시 성매매업에서 맨 처음 발생하였다. 포주는 단지 장소와 옷가지 같은 편의 시설을 제공하고 성 노동자는 이에 대해 일정한 액수의 사용료를 지불한다. 이렇게 함으로써 성 노동자는 노동자가 아니라 자영업자의 지위에 있게 된다. 하지만 이때 많은 성 노동자들은 포주에게 실제적으로 빚의 형태로 묶여 있다. 이는 눈 가리고 아웅 하는 식으로 이

전 계약 관계보다 더 악화된 경우라고 할 수 있다.

노동자여, 자본가가 돼라

스포츠와 연예 산업, 성 산업과 같은 주변부 노동뿐만이 아니라 주류의 모든 노동 역시 자영업화하고 있다. 노동자가 더 이상 노동자로서 자본가와 노동 계약을 맺는 것이 아니라, 자기 노동력에 대해 스스로 자본가나 투자자가 되어 계약을 맺는 방식으로 바뀌고 있다는 뜻이다. 간단하게 말해 노동자가 자기 몸과 시간에 대한 경영자가 되어, 다른 (진짜) 경영자와 노동 계약을 맺는 황당한 방식으로 노동과 자본의 관계가 바뀌고 있다.

몇몇 병원에서는 간호사에게 자기 경영의 원리를 도입하고 있다. 개별 간호사가 독자적인 경영인처럼 자기가 돌보는 환자를 관리하고 책임지는 시스템이다. 이러한 시스템이 확산된다면 결국 병원은 마치 간호사들이 입점한 커다란 쇼핑몰과 다를 바 없게 될 것이다. 수많은 자영업자가 쇼핑몰 주인에게 임대료를 내면서 자기 가게를 가지고 개별적으로 장사를 하듯이 말이다.

몇 년째 곪은 부위를 제대로 치료하지 못하고 있는 화물연대 노동자 역시 마찬가지이다. 화물연대 노동자는 법적으로는 노동자가 아니다. 자기 화물차의 소유주이기 때문에 사업자의 지위를 가지고 있어서 모든 비용과 위험 부담을 져야 한다. 또한 노동자로서 당연히 가져야 할 파업권 등이 제한되며, 오히려 '업무개시명령'이라는 법 조항에 의하여 강제 노동을 해야 한다.

이처럼 신자유주의 사회에서 노동자의 지위와 몸은 점점 노동자도 자영업자도 아닌 모호한 존재가 되어 가고 있다. 산업은 존재하지만 노동은 존재하지 않고, 노동은 존재하지만 노동자는 존재하지 않고, 노동자는 존재하지만 자본에 대항하고 국가가 보호해야 하는 노동권은 존재하지 않는 꼴이 되어 가고 있다.

이렇게 노동을 자영업화하면 모든 책임은 개인에게 부과된다. 그전까지 노동자는 언제나 개별 노동자로서만이 아니라 집단으로 존재해 왔다. 노동자는 사용자와 개인적으로 계약을 맺지만, 그 노동 계약은 노동자 개인이 아니라 노동조합을 통하여 전체 노동자 집단이 책임지면서 보호해 왔다. 그런데 신자유주의에서 노동이 자영업화하면서 노동자는 자기 노동의 질과 성과에 대해 혼자서 책임을 지게 된다. 집단으로 존재할 수 없는 노동자는 그저 자기 몸에 대한 자영업자일 뿐이다.

산업 노동자 역시 마찬가지이다. 해고의 책임을 지우는 방식을 보면 잘 알 수 있다. 신자유주의 이전에는, 한 회사가 어려움을 겪게 되면 노동자 개인이 아니라 기업을 잘못 운영한 회사가 그 책임을 져야 했다. 이는 경제 위기를 불러온 시장의 실패로 이해되었다. 하지만 신자유주의 이후에는 이러한 위기가 닥치면, 기업은 노동자를 대량해고하여 위기에서 빠져나오려 한다. 비정규직 문제로 심하게 몸살을 앓았던 이랜드 그룹의 경우는 대표적인 사례라고 할 수 있다.

이랜드 그룹은 무리하게 사세를 확장하고 유통산업에 뛰어들었다. 이랜드 그룹은 까르푸를 인수하기 위해 1조7천억 원을 들였는데 그 가운데 1조5천억 원이 대출이었다. 고작 자기자본 2천억 원으로 1조7천억 원을 삼켰으니 새우가 고래를 삼킨 셈이다. 결국 이랜드 그룹은 이후 만성 재정 문제에 시달리자, 고용을 보장하겠다는 애초 약속을 깨고 기존 까르푸 직원을 대거 비정규직으로 돌렸다. 깊게 따지고 들지 않아도, 이랜드 사태의 근본 원인은 명백하다. 바로 무리한 대출과 사세 확장, 무책임한 인력 운용, 수수방관하는 정책이 그 원인이다. 이것은 명백하게 기업의 실패이고, 시장의 실패이고, 정부 정책의 실패이다. 하지만 시장과 기업, 정부는 결코 책임을 지지 않으며, 이러한 실패를 개인의 탓으로 돌린다.

그나마 이랜드의 경우에는 기혼 여성 노동자가 가지고 있는 '먹고살기 위해서 악다구니 쓰는' 아줌마 이미지가 커서 동정 여론이 더 많았지만, 다른 비정규직 해고의 경우에는 기업도, 국가도, 여론도, 심지어 정규직 노조도 무서울 정도로 냉담하기 짝이 없다. 비정규직이 되고, 해고가 된 책임은 모두 개인에게 있다고 한다. 개인이 공부를 제대로 안 했고, 무능했고,

게을렀고, 근무 성적이 안 좋았기 때문에 탈락했다는 말이다.

오히려 그들은 되묻고는 한다. “대량해고가 있었다고는 하지만, 여전히 잘리지 않고 잘 다니는 사람도 있지 않은가?”, “그렇다면 잘린 사람도, 비정규직도, 자신이 안 잘리고 정규직이 될 수 있도록 공부도 열심히 하고 자기 관리를 했어야 한다.”라고. 이는 개인에게 책임을 돌리는 가장 흔한 방법이다. 어차피 우리가 살아가는 사회는 경쟁 사회이기 때문에 당연히 경쟁에서 도태되는 사람이 있고, 도태의 원인은 개인에게 있다는 말이다.

이런 사회에서 노동자 개인이 탈락하지 않기 위해 노동조합을 결성하거나, 사회보장 강화를 주장해 사회를 통해 보호받으려 한다면 어리석은 짓이다. 신자유주의는 줄곧 이야기한다. 노조나 국가로부터 어떤 보호를 받으려는 나약한 생각을 깨뜨려야 한다고. 무엇보다 노동자 개인은 자기 관리, 자기 계발에 신경을 써야 한다고. 노동자 개인의 경쟁 상대는 국가나 기업이 아니라 내 옆의 동료이기 때문이다. 자기 계발을 못하고, 자신의 몸과 시간을 잘 관리하지 못한 사람은 탈락할 테고, 그것은 전적으로 그의 책임이다.

이때 노동자 개인은 노동자로서가 아니라, 자본가로서 실패했다고 할 수 있다. 노동자는 자본가처럼 자기의 시간과 몸, 사회적 관계를 관리하고 투자해야 한다. 물론 근무 시간에도 당연히 열심히 일을 해야 한다. 그런 뒤 근무 시간 이외의 시간을 얼마나 효율적이고 생산적으로 사용하였는지가 무엇보다 중요하다. 사무직 회사원은 회사를 마친 뒤에도 영어 학원이든 중국어 학원이든 어디론가 직행해야 한다. 회사와 상관이 없는 사람과의 친분 관계도 생산적인 방향으로 돈독히 쌓아야 한다.

여가라고 알려져 있는 비노동의 시간을 노동의 시간을 위해 투자하지 않는 사람은 비난받고 도태되어야 한다. 여가는 생산 자본으로 전환 가능한 문화 자본, 사회 자본을 축적하는 시간이지, 놀고 허비하는 시간이 아니다. 이윤을 남기지 못하는 자본은 실패한 자본이며 시장에서 바로 퇴출될 수밖에 없듯이, 노동자 역시 자기 계발이라는 잉여와 가치를 생산하기 위해 끊임없이 투자하고 관리해야 한다. 이제 노동자는 노동 현장에서 자본가처럼 행세해야만 살아남을 수 있다는 역설에 갇혀 산다.

프리카리어트, 새로운 무산자 계급의 탄생

신자유주의 세계화 속에서 하루하루 떠도는 삶을 꾸릴 수밖에 없는 사람의 이야기는 그다지 드문 사례가 아니다. 가진 것이 별로 없는 아이들 역시 엄격하게 자기 관리를 하고 미래지향적인 삶을 꾸려 나갈 여유가 없다. 그저 가혹한 현실에서 닥쳐오는 순간순간을 살아 내야 하는 즉자적인 삶으로 돌아설 수밖에 없다. 가출을 하여 조건 만남이라는 성매매를 하고 있는 아이들은 대표적인 예라고 할 수 있다. 민가영의 〈신자유주의 시대의 신빈곤층 십대 여성〉은 바로 이러한 아이들이 어떠한 삶을 살고 있는지, 그 원인은 무엇인지 잘 보여 주고 있다.

민가영은 학교를 그만두고 성 산업에 뛰어든 이 아이들의 문화를 "비유예非猶豫의 문화"라고 했다. 여기서 '비유예'는 취업을 기다리거나, 대학원 등을 다니며 잠시 시간을 버는 일 따위 유예는 상상할 수 없고, 그저 하루하루 벌어 먹고살면서 버티는 게 관건인 아이들의 모습을 표현한 말이다. 이 아이들은 자신이 학교에 있어야 하는 이유를 도저히 찾지 못한다. 학교에서 아무리 참고 있어 보았자 얻을 수 있는 학력 자본은 환금성이라고는 눈곱만큼도 없기 때문이다.

대신 이 아이들은 현재 이 순간에 즉각적으로 돈으로 바꿀 수 있는 자신의 자본, 즉 몸에 주목한다. 영계에 대한 신화가 있는 한국 사회에서는 어리면 어릴수록 몸이 더 잘 팔리기 때문에, 조금이라도 어렸을 때 한시라도 빨리 사업에 뛰어들어야 한다. 이 아이들에게 자기 관리란 현재 즉시 돈으로 바꿀 수 있는 자신의 몸을 관리하는 일이다. 아이들은 몸매를 유지하기 위해 단식원에서 몇 달씩 지내기도 한다. 일찍부터 자기 몸에 대한 자본가이며 투자자가 된다.

매끈한 몸매 말고는 이 아이들에 대해서 아무런 다른 관심도 보여 주지 않는 사회, 끊임없는 자기 관리를 통해 자본가와 투자자가 되기를 요구하는 사회에서 완전히 제외된, 관리할 것이라고는 자신의 몸뚱아리밖에 없는 이들이야말로 이 시대의 프롤레타리아트이다. 미래가 없는 비정규직이라는 운명이 일찌감치 결정된 이들이다. 일본에서는 이렇게 불안정 노동에 종사하는 이들을 '불안정한'이라는 뜻의 precarious와 프롤레타리아트proletariate를 합성하여 '프리카리어트precariate'라고 부른다.

프리카리어트는 단순하게 노동자 가운데 좀 더 주변화되고 착취를 받고 있는 비정규직 노동자만을 지칭하는 말이 아니다. 오히려 자본주의가 노동을 착취하는 방식에 근본적인 변화가 생기면서 나타난, 진정으로 새로운 무산자 계급을 가리킨다. 그런데 묘하게도 프리카리어트는 초기 자본주의 노동자 계급과 비슷하다. 초기 자본주의에서 노동자에게 지불되던 임금은 정확하게 그가 자기 노동력을 재생산하기 위해 필요한 빵과 우유에 불과하였다. 그 임금을 가지고 노동력을 다시 재생산하여 공장으로 돌아와 다시 자본가에 파는 일이 노동자의 의무였다. 자본가는 그 과정에 대해 아무런 책임도 지지 않았다. 그들은 일회용 휴지였다. 그들에게는 미래가 없었다. 바로 지금 프리카리어트의 모습이다.

지난 2백여 년 동안 산업자본주의 국가에서 노동자의 투쟁은 바로 이 임금에 포함되어야 하는 재생산 비용이 무엇인가를 둘러싼 투쟁이기도 하였다. 투쟁을 통해 점차 임금에 빵과 우유를 살 돈뿐만 아니라 주거비가 포함되었고, 양육비, 교육비가 포함되었으며, 노동자로서 계속해서 살아갈 수 있는 자기 계발에 필요한 비용이나 여가비 등이 들어가게 되었다. 그런데 지금 우리 앞에 다시 나타나고 있는 이 프리카리어트라는 무산자 계급에게 제공되는 임금과 노동 조건은 다시 이들을 일회용 휴지의 상태로 되돌리고 있다.

이제 자본은 더 이상 프리카리어트가 노동력을 재생산하는 데 아무런 책임을 지지 않으며, 이들은 살아남기 위해서 각자 알아서 자신에게 투자해야 한다. 그러나 초기 자본주의의 노동자처럼 프리카리어트 역시 한 번 쓰고 버려질 몸뚱아리 말고는 자본으로 만들 수 있는 자원을 아무것도 갖지 못한, 미래가 없는 사람이다. 투자란 미래가 있는 사람이 하는 행위일 뿐, 미래가 없는 프리카리어트는 현재를 소비하거나 단 한 번 도박에 미래를 걸 수밖에 없다.

이 프리카리어트야말로 바로 근대 자본주의 사회의 프롤레타리아트를 대체하는, 현대의 새로운 무산자 계급이다. 그리고 지금의 청년, 앞으로 우리 아이 대부분이 이러한 새로운 무산자, 프리카리어트로 성장해 나가고 있다.

노래방
담배
담배
담배
롯데 아이스크림

3

평생, 언제나 누구나 망하리라는 공포와 함께한다

외환위기 이후, 자유에 권리를 빼앗긴 우리 모두

나는 지난 몇 년 동안 아시아를 중심으로 국제 연대 운동을 하면서 세계화 시대 신자유주의의 면면을 온몸으로 직접 맞닥뜨릴 수 있었다. 2000년 이후 내가 보아 온 이들의 마음은 누구할 것 없이, 몰락에 대한 공포와 타인에 대한 차가움으로 가득 차 있었다. 많은 사람이 이제 우리는 탐욕스런 욕망의 시대를 살아가고 있다고 진단했던 모습과는 정반대였다. 탐욕의 이면을 지배하고 있는 힘은 몰락에 대한 공포였다.

세계 어느 곳을 가도, 아이의 마음이든 어른의 마음이든 마찬가지였다. 대부분의 사람에게 삶은 전혀 안정적이지 않았고, 미래는 예측하기도 통제하기도 쉽지 않았다. 누구나 자신이 인생에서 한 번은 망할지 모른다는 두려움을 안고 있었다. 그 두려움은 분명한 실체를 가지고 있었다. 결국 태어날 때부터 발버둥 치고, 청년기를 지나면서는 시한부 사랑에 갇혀 버린, 신자유주의에 저당잡힌 삶의 밑바탕에는 바로 이 공포가 있었다. 언제라도 망할지 모른다는 공포에 사로잡혀서 근근이 하루하루를 살아 나가는 이 삶은 쉽사리 바뀌지 않을 듯해 공포는 더 커 보인다.

한국에서 그 실체가 드러난 사건은 1997년 IMF 구제금융 사태(외환위기)였다. 외환위기 이후 망해서 가정이 해체되거나 소식이 끊긴 사람이 주위에 한두 명 정도는 꼭 있다. 외환위기 이전에는 망한다는 게 주변에서 예외적으로 일어나는 사건이었다면, 외환위기 이후에는 망하지 않는 게 예외가 되었다. 신자유주의 정책이 본격화되기 이전에는 대학을 졸업하여 취직을 못하는 경우가 예외였다면, 지금은 대단히 재수가 좋아야 겨우 취직을 할 수 있다. 이제는 실업이 아니라 취업이 예외가 되었다.

더 이상 몰락은 예외가 아니라 주변에 널린 흔하디흔한 일이 되었다. 사람들은 자기가 재수 없어서 망한다기보다, 재수가 좋아서 망하지 않는다고 생각하기 시작했다. 삶의 안정성을 확보할 수 있는 유일한 길은 사회가 어쩌지 못할 정도로 예외적으로 많은 돈을 가지는 것뿐이다. 자신의 욕망을 실현하기 위해서가 아니라 망하기 않기 위해 애쓰면서, 사람들의 눈은 탐욕으로 가득 차기 시작하였다.

이제부터 이야기하려는 민철은 대학 동아리 10년 후배이다. 지루할 정도로 모범적인 중산층 가정에서 자란 민철이 하루아침에 망해 버린 이야기는 평범하던 한 중산층 가족이 외환위기를 겪으면서 어떻게 지옥의 나락으로 떨어져 버리는지 잘 보여 준다. 누구도 "난 절대 아니야!"라고 장담할 수 없는 이야기이다.

민철 이야기 : 우리 가운데 누구도 잘못한 사람은 없어요

대학에 들어가자마자 집을 나왔던 민철이 집에 들어간 지 벌써 일 년이 되었다. 하숙비가 힘에 부쳐 집에 짐만 잠시 갖다 놓고, 돈이 마련되는 대로 다시 나오려 했는데, 이 역시 여의치 않았다. 허나 집에 정을 못 붙이는 아들을 볼 때마다 아버지는 자책을 하고, 새어머니는 그것이 모두 자기의 잘못인 양 좌불안석이었다. 할머니는 새어머니에게 뭐라고 말을 하지는 않지만, 가끔 이혼한 어머니 이야기도 하며 새어머니를 식구로 생각하지는 않았다.

아버지와 함께 살고 있는 집은 반지하이다. 대학에 들어가자마자 집을 나갔던 장남이 4년 만에 돌아왔다고 아버지는 아들에게 '방'을 주고 싶어 하셨지만, 없는 돈에 구할 수 있는 집은 반지하밖에 없었다. 민철의 말을 빌리면 환기가 되지 않아 차를 끓일 때마다 "주전자와 함께 집 전체도 덩달아 펄펄 끓는 집"이다. 더구나 하루 종일 먼지 구덩이에서 일을 하고는, 빛도 들어오지 않고 습기가 차 눅눅한 집에서 쪽잠을 주무시는 아버지의 건강이 걱정이다.

1997년 외환위기와 함께 아버지의 회사는 부도를 맞아 파산하였다. 그때 민철은 중학교 2학년이었다. 대기업의 설비 하청 공사를 하는 중소기업 사장이었던 아버지는 결국 빚을 정리하지 못해 감옥에 갔다. 어머니가 보험 설계사를 하며 하루

하루를 버텼다. 출소를 한 다음, 아버지는 정육점이며 여러 가지 다른 사업에 손을 대었지만 족족 망하였다. 당시에는 명예퇴직이다, 정리해고다, 수많은 직장인들이 길거리로 쏟아져 나왔고, 그들 모두가 경쟁자였다.

나름 시골 유지 집안의 첫째였던 아버지에게 이런 시련은 감당하기 힘든 사태였다. 외환위기 전만 해도 듬직한 가부장이었던 아버지는, 당시 부도나고 잘렸던 대다수 한국 가부장이 그렇듯이 응석받이에 의심쟁이로 돌변하였다. 아버지는 어머니에 대해 늘 불안해했고 종종 목소리를 높였다. 어머니가 먹고살기 위해 이리저리 뛰어다니면서 만나게 되는 모든 관계를 의심하였고, 심지어는 어머니 직장까지 쫓아가서 "이혼하자!"고 고래고래 소리를 지르기까지 하였다. 열심히 일하고, 그렇게 번 돈으로 가족에게 위세를 부리던 가부장이었으니 하루아침에 그 존재감의 뿌리를 잃어버린 셈이다. 그 모습의 한심함과 초라함이라니. 아버지와 어머니는 자주 다투었고 결국 이혼을 하였다.

부모의 이혼과 동시에 민철은 닥치는 대로 아르바이트를 해서 마련한 돈으로 집을 나왔다. 그나마 민철은 머리가 꽤 굵고 난 다음에 가족이 해체가 되었기에 하던 공부를 이어 갈 수 있었고, 잘나가는 명문대학에 입학하여 독립하기 수월한 편이었다. 하지만 하나뿐인 남동생은 완전히 다른 길을 갔다. 부모님이 별거할 때, 남달리 덩치가 좋았던 동생은 조직에 가담하였다. 아버지가 하루아침에 망하는 모습을 보면서, '인생은 한 방'이라고 동생은 확신하게 됐단다. 그렇다고 동생이 실제로 한 방에 인생을 완전히 바꿔 보겠다며 큰 야심을 품거나 하지는 않았다. 오히려 동생은 사는 것을 무의미하고 짜증스러운 일로 생각했다.

가끔 동생이 험한 싸움을 마치고 돌아와서 아무렇지도 않은 듯 이야기를 할 때마다 민철의 가슴은 서늘해졌다. 식구들이 걱정을 하면 동생은 "나는 병풍 역할밖에 안 하니 걱정하지 말라."고 말하지만 가족의 마음이 어찌 그러한가. 어디 취직자리를 알아봐 줄 능력도 없지만, 그래도 그 세계에서만큼은 발을 떼라고 말하지 않을 수 없었다. 그럴 때마다 동생은 "내가 배운 것이 있기를 하느냐, 배운 게 도둑질이라고 이제 할 일은 이거밖에 없다."고 했다. 그러고는 "다른 길이 있다면, 나도 생각해 봤겠지."라고 낮은 목소리로 중얼거렸다.

어머니는 아버지보다 먼저 의사와 재혼을 했다. 그리고 어머니와 아버지 가운데 한쪽을 가족으로 선택해야 했을 때 민철은 아버지를 선택했다. 연민 때문이었다. 이유야 어쨌건 아버지에게는 거의 남은 게 없었다. 그런데 자식마저 떠날 수는 없었다. 얼마 뒤 아버지도 재혼을 했다. 민철은 집에 돌아온 뒤 얼마 동안은 아버지의 자책과 새어머니의 좌불안석, 할머니의 신세한탄 속에서 정을 붙이기가 힘들었다. 아버지는 연일 술을 마시면서, 아이들에게 과거와 같이 해 줄 수 있는 것이 하나도 없다며 미안해했다. 새어머니는 흠이 없는 사람이었지만, 할머니는 가끔 새어머니 앞에서 "옛날에는……"으로 시작하는 말을 읊조리고 민철 어머니 이야기도 늘어놓으며 과거를 그리워했다. 당연히 새어머니 마음이 편할 리가 없었다. 아직 아버지와 살림을 합치지 않은 새어머니는 문지방에 서서, 이 모든 풍경이 마치 자기 잘못인 양 미안해하며 서성였다.

민철은 '모두가 불쌍해져 버린 상황'을 넘어서기 위해 자기가 뭔가를 해 보자고 생각하였다. 자주까지는 아니지만 가끔이라도, 될 수 있는 한 일찍 집에 들어가서 아버지, 새어머니와 함께 술자리를 가지고는 했다. 이러한 아들의 노력에 부모는 한편으로는 고마워하면서도, 다른 한편으로는 더욱 미안해하고는 했다. 하지만 이런 부모를 보면서 민철 역시 견디기 힘들었다. 뭐 좀 잘해 보자고 하면 할수록 더욱 미안해하기만 하니 더 짜증이 났다. 그러던 어느 날 술자리에서 민철은 부모님과 동생에게 불쑥 이런 말을 던졌다.

"아니에요. 이 모든 것은 우리 잘못이 아니에요. 우리 가운데 누구도 잘못한 사람은 없어요."

공포의 시작, 1997년 외환위기

민철의 말처럼 아무도 잘못하지 않았는데 그의 가족은 왜 이렇게 되었을까? 1997년 외환위기 전까지만 해도 우리 사회에서 망한다는 일은 자기 피부로는 느낄 수 없는, 당연히 그저 남의 일이었다. 그 이전에는 누구도 자기가 망할 수 있으리라 생각하지 않았다. 주변에서 망한 사람을 보면 늘 그럴 만한 이유를 가지고 있는 듯 보였다. 주제에 맞지 않게 욕심을 과하게 내었다든가, 부정부패가 심해서 언제든 법의 심판을 받을 위험에 처해 있었다든가.

그러나 외환위기는 부도와 파산, 명예퇴직과 정리해고를 평범한 누구의 삶에도 언제든지 닥칠 수 있는 일로 만들었다. 하루아침에 망한 민철 아버지처럼 말이다. 몰락은 쉬웠지만 재기는 어려웠다. 몰락한 이들이 한꺼번에 몰려들 수 있는 재기의 공간이라 봤자, 요식업이나 소매업 같은 뻔한 업종밖에 없기 때문이다. 민철 아버지처럼 한 번 몰락은 끝도 없는 몰락으로 이어졌다. 식구와 친척, 친구 가운데 한두 명 정도는 "망했다."고 말할 정도로 몰락하는 사람의 수는 빠른 속도로 늘었다. 1997년 외환위기는 한국 국민에게 돌이킬 수 없는 커다란 상처가 되었다. 민철 가족이 보낸 지난 10년은 외환위기 뒤에 한국의 평범한 중산층이 어떻게 무너지고, 그 삶이 어떻게 뿌리부터 송두리째 바뀌게 되었는지를 잘 보여 준다.

민철 말고도, 주변에서 망한 사람 이야기를 들어 보면 대부분 비슷비슷한 모양새를 하고 있다. 잘나가던 사장이 하루아침에 노숙자가 되고, 층층마다 화장실이 있는 대저택에서 살던 갑부가 전세 천만 원짜리 반지하 다세대 주택으로 밀려난다. 민철 아버지처럼 '돈 벌어다 주는 일 말고는 할 줄 아는 게 없던' 기세등등하던 가부장이 하루아침에 초라한 실직자가 되고, 밤마다 술을 퍼마시며 아내와 자식에게 화풀이를 한다. 그나마 일자리도 아내에게 더 쉽게 난다. 그때나 지금이나 파출부나 식당 주방 일, 전화 상담원 같은 비정규직 자리는 대부분 여성들의 몫이다. 여성의 노동력은 언제든 해고할 수 있는 데다 값도 싸서 신자유주의가 칭송해 마지않는 '유연한 노동'의 조건에 딱 들어맞기 때문이다.

여성 근로자수 비율 추이 [출처 : 노동부]

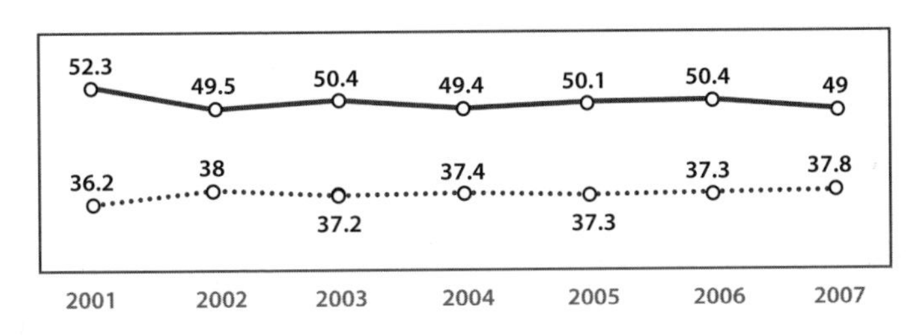

—— 전체 비정규직에서 여성 비율(%) ········ 전체 정규직에서 여성 비율(%)

여성 비정규직 근로자수 추이 [출처 : 노동부 / 단위 : 천명]

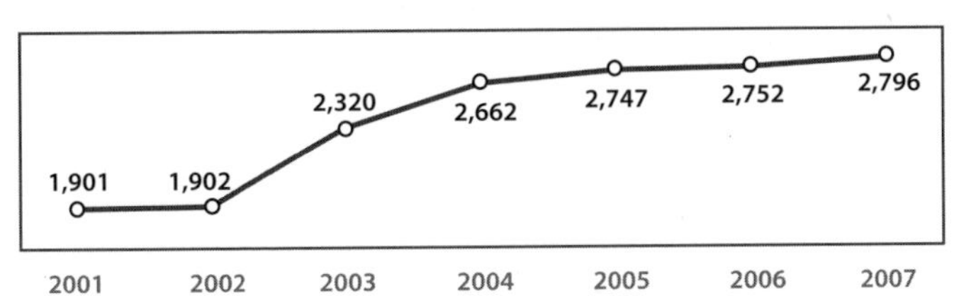

어느 날 갑자기 돌아온 아버지의 잔소리에 아이는 집을 나간다. 더 이상 학교에 붙어 있어 봤자, 자신의 미래가 전혀 보장되지 않으리라는 사실을 깨우친 아이는 민철 동생처럼 조폭이 되거나 몸을 팔러 나선다. 이것도 그나마 몸매 늘씬하고 얼굴 잘 빠진 아이 이야기이다. 그렇지 않은 아이는 다리가 퉁퉁 부을 때까지 편의점에서 술 취한 아저씨들 협박에 시달리며 돈을 세든가, 주유소에서 주유기 총노즐을 들어야 한다. 앞에서 얘기했듯이 "세상에서 가장 불쌍한 년은 돈 없고 빽 없고 공부 못하고 얼굴 못 생긴 년"이다. 이러니 돈 없고 빽 없는 여자가 해야 하는 필생의 과업은 성형이다. 우리 사회에서 성형을 가장 많이 하는 부류 가운데 하나는 실업계를 졸업한 여학생이다. 경리직에라도 취직하기 위해서 가장 중요한 '스펙'은 몸매이다. 아름다워지기 위해서가 아니라 살아남기 위해서 하는 성형이다.

중산층의 소박한 꿈은 깨졌다. 열심히 일해서 착실히 모으면 더 잘살 수 있으리라는 그런 꿈은 완전히 박살이 났다. 인간의 삶은 한 치 앞도 내다볼 수 없게 되었다. 예측 가능하고 지속 가능한 삶이라는 말은 헛소리일 뿐이다. 민철 아버지처럼 노력하면 노력할수록 오히려 그 늪에 빠져서 더 허우적거리게 되었다. 서구 사회에서는 이러한 사람을 '일하는 빈곤층 working poor'이라고 부른다. 이러한 일하는 빈곤층을 포함하여 모든 시민은 겉으로 보기에는 부동산 투기며, 펀드며, 주식 투자며, 하다못해 로또에라도 마지막 희망을 걸고는 '인생 역전 한 방'을 외치고 있다. 하지만 그 욕망의 바닥에 도사리고 있는 실체는 '언제 망할지 모른다.'는 공포감이다.

이런 공포감에 내몰려 너나 할 것 없이 모두 승자가 되기 위해 발버둥 치고 있다. 자의든 타의든 자기 생명과 가진 모두를 판돈으로 걸고 도박판에 나섰다. 이 도박판에 나선 절대다수에게는 참담한 결과만이 기다리고 있을 뿐이다. 물론 이 도박판에는 절대불패의 타짜도 있다. 이들이 누구인가? 6.25 한국전쟁 때도 살아남았고, 4.19 혁명도 견뎌 냈으며, 5.16 쿠데타를 통해서는 승기를 굳혔고, 5.18 광주민주항쟁 때 학살로 짓밟고도 기세등등하다, 6.10 민주항쟁으로 잠깐 숨 죽였다가, 1997년 12월 외환위기라는 전 국민적 재난 때에는 오히려 투기를 통해서 자신의 부를 몇십 배로 부풀린, 우리 사회의 절대강자 기득권자이다.

이제 이명박 정부는 경제를 살리겠다는 기치 아래 승자 독식의 사회를 완성하고 있다. 국제중 설립은 교육을 통해 계급을 굳건히 하는 화룡점정이 되고, 종부세 폐지와 감세 정책은 부자만을 위한 돈 잔치에, 없는 이들을 위한 그나마 복지 정책도 축소시킬 터이다. 수도권에 대한 규제 완화는 지방을 서울 식민지로 전락시키고 지방에 사는 이들을 국민이라는 울타리로부터 추방하고 서울을 진정으로 '특별시'로 만드는 지름길이다. 자본시장의 완전 개방은 대기업에 의한 중소기업 착취를 영원하게 보장해 줄 터이다. 이처럼 대한민국이라는 국가 내부에서 계급과 계층에 따라, 지역에 따라, 기업의 크기에 따라 항구적인 식민화가 완성되는 일은 불을 보듯 뻔한 결말이다.

소비자 천국, 오로지 선택의 자유만이 남다

이 모든 일은 '자유'라는 이름으로 시작되었고, 그 공포와 불확실성은 가속되고 있다. 이 불안을 극복하기 위해 우리의 육체, 우리의 영혼과 맞바꾸어 얻으려고 하는 것은 무엇인가? 돈이다. 이 돈으로 무엇을 살 능력을 갖추고서야 비로소 우리는 인간이 된다. 이 시대 인간은 시민도, 국민도 아닌, 소비자이다. 소비자가 됨으로써 우리는 비로소 자유와 권리를 갖는다. 신자유주의는 그것이 '선택의 자유'라고 외친다.

사실 신자유주의가 본격화되기 오래전부터 우리는 이미, 더 이상 생산이 아니라 소비가 사회의 근간을 이루는 대중소비의 시대를 맞이하였다. 이 소비의 사회에서는 물건뿐만이 아니라, 사랑도 인간도 소비한다. 이 소비의 시대에 인간의 자유란 결국 소비의 자유이며, 인간의 권리는 선택의 권리로 모습을 바꾸었다.

미국산 쇠고기는 소비자 선택의 자유이며, 국가의 부를 외국 투기 자본에 완전히 내주는 일도 금융의 자유화이며, 부자만을 위한 국제중, 특목고 설립은 교육의 자유화이며, 재벌에게 국가 경제의 운명을 통째로 맡기는 일도 규제 완화를 통한 자유화이다.

오늘 스타벅스에 가서 커피 한 잔을 마시는 이유가 스타벅스 커피가 다른 커피에 비해 정말로 맛있기 때문만은 아니다. 뉴욕으로 유학을 간 친구들이 갑자기 불어 닥친 금융 위기와 고환율 때문에 어려워진 경제적 처지를 호소하면서 하는 말 가운데 하나가 "더 이상 아침에 스타벅스에서 커피를 마시는 호사"를 누리지 못한다는 것이다. 이 친구들은 커피의 맛을 이야기하지 않았다. 이렇듯 우리는 스타벅스라는 브랜드, 공간, 그 공간이 만들어 내는 분위기, 스타벅스에 대해 가지고 있는 이미지와 판타지를 소비한다. 별다방스타벅스 커피와 콩다방커피빈 커피 사이의 차이는 커피 맛뿐만 아니라 그것을 마시러 오는 사람, 그 부류이다. 이러한 소비가 나를 규정한다.

신자유주의는 이 소비의 사회에서 태어나, 이 소비의 사회를 극단으로 밀어붙였다. 어떤 소비인지는 내가 어떤 부류의 인간이며, 어떤 사회에 속해 있는지를 드러낸다. 나는 소비함으로써만 존재한다. 이 말의 논리적 귀결은 당연히 소비할 힘, 즉 돈이 없는 사람은 존재할 가치도 없다는 말이다. 인간의 권리는 바로 소비자로서의 권리이다. 단지 시장에서만이 아니다.

한 국가의 국민이 된다는 말은 결국 국가의 공공재를 소비하는 소비자가 된다는 말과 같다. 이제 더 이상 국민의 권리는 아무것도 가진 것이 없어도 출생과 더불어 보장되는 권리가 아니다. 세금을 내는 사람으로서 국가의 서비스를 누리는 소비자의 권리일 뿐이다. 서울시의 민원을 해결하는 통합 센터인 다산 콜센터 홈페이지에 들어가 보면, "시민고객께서 궁금해 하시는 서울시에 관한 궁금증을 안내해 드립니다"라고 밝히고 있다. 우리는 시민도, 국민도 아니다. 국가와 사회의 고객일 뿐이다.

이것이 바로 신자유주의가 국가를 이해하는 방식이다. 신자유주의는 국가의 역할은 경제를 잘 굴러가게 하는 '합리적인 경제 관리'로 한정되어야 한다고 주장한다. 국가는 소비자인 국민이 가능한 한 많은 선택지를 가질 수 있도록 시장을 보호할 뿐이다. 규제가 철폐되어야 하는 이유도 여기에 있다. 신자유주의는 단언한다. 국가는 시장만큼 현명하지 않다고.

신자유주의는 우리 모두가 생산자임을 잊어버리고 소비자로 살아가기를 바란다. 무엇인가를 생산하는 노동자나 농민이라는 정체성을 가지고 자기 삶을 방어하고, 삶의 질을 향상시키고, 사회에 기여하려고 한다면 어리석은 일이다. 소비자의 권력과 선택의 자유가 강조되는 한 국가와 기업의 책임은 뒤로 가려진다. 국가와 사회의 실패는 선택을 잘못한 소비자 개인의 실패로 치환된다. 신자유주의가 소비자의 권력을 칭송하고, 이 시대를 소비자의 시대라고 광고하는 일은 당연하다.

결국 신자유주의 사회에서 베스킨라빈스는 가장 이상적인

형태의 국가이고 시장이다. 이제 우리 사회는 베스킨라빈스화 되어 가고 있다. 시장은 소비자에게 가능한 한 많은 선택의 여지를 제공하고 국가는 그것을 권장하고 보장한다. 소비자가 더 선호하는 것은 살아남고, 외면하는 것은 도태된다. 여기에는 소비자가 선택하는 것은 좋은 것이라는 가정이 깔려 있으며 그것은 의심받지 않는다.

따라서 중요한 일은 31가지 선택의 자유를 늘리는 것이다. 신자유주의 사회에서 나쁜 정부는 그 아이스크림이 국민의 건강에 도움이 되는지 아닌지를 따져서 통제하고 관리한다. 반면, 좋은 정부는 만일 아이스크림이 몸에 좋지 않다고 하면 다른 기업이 그 옆에 자연산 과일주스 가게를 내게 하는 방식을 취한다. 신자유주의의 '자유'란 이처럼 '선택의 자유', 그 이상도 이하도 아니며, 선택된 것은 좋은 것이다.

공포가 된 자유, 주권은 어디 있는가?

과연 선택된 것은 무조건 좋은 것인가? 우리는 가격과 정보의 왜곡에 의해서 어쩔 수 없이 선택을 강요당하고 있지는 않은가? 선택의 기회를 최대한 늘렸을 때 우리의 안전은 보장되는가? 겉으로 보기에 이 자유 아래에서 사람들은 자신의 욕망을 실현시켜 가는 듯 보이지만, 사실 이 자유에 의해 망할지도 모른다는 공포에 사로잡혀 가고 있다. 독재 치하에서 "타는 목마름"으로 자유를 갈망했던 이들에게 자유가 공포일 수도 있다는 사실은 상상도 해 보지 못한 일이다.

2008년 한국의 봄을 뜨겁게 달구었던 미국산 쇠고기 수입 문제는 바로 이 선택의 자유가 국민의 건강까지 보장해 주는가에 대한 질문이었으며, 이에 대한 한국 정부의 대답은 "불안하면 안 사먹으면 그만"이었다. "값싸고 질 좋은" 미국산 쇠고기라는 선택지가 하나 더 소비자에게 주어졌을 뿐이고, 맘에 들지 않으면 "안 먹으면 그만"이다. 국민인 우리가 듣기에는 무책임하기 짝이 없는 말이었지만, 국민을 소비자로 보는 CEO의 입장에서는 지극히 합리적이고 지당한 말이었다.

여기서 한 걸음 더 나아가 이명박 정부는 국민의 광우병 우려에 대해, 미국 정부가 엄격하게 쇠고기의 안전을 관리하고 있고, 그것을 국제수역사무국 OIE 에서 통제하고 있으니 별 문제가 되지 않는다고 이야기했다. 시장의 개방으로부터 야기될 수 있는 문제점은 글로벌 스탠더드로 통제 가능하다고 믿고 있는 셈이다.

이에 대해 세계적인 사회학자 월든 벨로는 각 나라의 식생활과 기후와 풍토, 그리고 유전적 요인에 따라 검역의 수준과 내용은 달라질 수밖에 없다고 주장했다. 한국은 뼈를 고아 먹는 유일한 민족이기에, 그런 식생활 습관에 맞추어 그 부분에서는 더욱 민감하고 엄격하게 검역을 실시한 권한이 한국에 있어야 한다는 것이다. 이처럼 각국은 각자의 사정에 맞는 검역 기준을 가지고 있어야만 특수한 사정에 맞추어서 자국의 국민을 보호할 수 있다는 주장이다.(《한겨레21》 2008년 5월 30일자)

더구나 이 글로벌 스탠더드는 상품의 수출입을 원활하게 하기 위해 각 사회의 특수성을 무시하고, 말 그대로 '글로벌'한 수준에서 만들어진 기준이지, 결코 위험을 방지하고 안전을 보장하기 위해 고안된 기준이 아니다.

2008년 노벨 경제학상 수상자인 폴 크루그먼 교수 역시 이에 대해 신랄하게 비판하였다.(《뉴욕타임즈》 2008년 6월 13일자) 그는 미국산 쇠고기가 전 세계적으로 불신에 빠지게 된 원인을 미국에서 찾는다. 지금 미국의 정책을 좌지우지하는 이들은 신자유주의의 대부인 밀턴 프리드먼을 광신적으로 따르는 사람들이다. 프리드먼은 기업은 절대 자신이 손해 보는 짓을 하지 않기 때문에 알아서 잘 관리할 것이며, 심지어 식품의약국FDA을 폐지해야 한다고까지 주장한 사람이다. 비록 식품의약국이 폐지되지는 않았지만, 예산을 삭감하거나 기업 쪽 사람을 임명하면서 규제를 무력화하였다. 여기 어디에 소비자 주권이 있는가?

이렇듯 소비자는 시장에 나와 있는 여러 가지 선택 가능한 물건들 가운데 하나를 잘 고르면 되고 그 결과는 자신이 알아서 책임져야 한다. 이러한 개인의 선택과 책임, 그리고 모든 실패가 개인에게 돌아와 국민의 건강에 대한 국가의 책무를 대체하지만, 이익은 오로지 정치와 결탁한 초국적 자본이 챙겨 간다. 그래서 나는 궁금하다. 이 정부에 세금을 내야 할 이유가 도대체 어디에 있는가?

신자유주의의 규범, 아무도 믿지 마라

신자유주의는 약속하였다. 선택의 기회가 확장되면 확장될수록 더욱 멋진 세상이 된다고. 신자유주의는 주장한다. 훌륭한 소비자가 곧 훌륭한 시민이라고. 신자유주의가 보기에 인간의 본성에 가장 적합한 공간은 시장이다. 사회가 할 일은 하나도 없다. 앞에서 이야기했듯이 시장은 이런 개인들이 연주하는 오케스트라이다. 이 공연이 성공하면 그 성공은 시장의 공이지만, 실패하면 그것은 개인의 실패이다. 성공하면 교주님 덕분이고 실패하면 믿음이 부족한 탓이라고 말하는 사이비 종교와 다를 바 없다.

실제로 신자유주의가 만들어 낸 세상은 소비자 천국이 아니다. 지금껏 살펴봤듯이 무한 경쟁, 승자 독식 속에서는 그 누구도 세상에 아무런 위로도 기대할 수 없다. 위로가 되어야 할 가족은 이제 짐이 되었으며, 위로하는 법을 배워야 할 학교와 지역사회는 '너 죽어야 나 사는' 정글이 되어 버렸다.

여기서 우리는 민철이 했던 "우리 가운데 누구도 잘못한 사람은 없어요."라는 말이 가지고 온 기적에 주목해야 한다. 사실 그 말은 민철이 자기도 모르게 던진 말이었다. 그런데 이 말이 기적을 낳았다. 절망의 상황 속에서 아무것도 할 수 없어 자기 탓만 하던 부모에게 민철의 말은 무엇과도 바꿀 수 없는 '위로'였다. 이 말에 아버지는 다시 한 번 힘을 써 보겠다고 결심했고 새어머니는 고마움에 말 한마디 제대로 못 하다가 끝내 울었다. 망한 것에 대해 모두가 자책할 수밖에 없는 세상에서 아들의 이 한마디는 식구 모두에게는 구원이었던 셈이다. 우리에게 필요한 것은 "아무도 남을 돌보지 마라."는 신자유주의의 명령에 맞서는 이런 위로와 돌봄이다.

'보이지 않는 손'의 마법으로 저절로 신뢰가 형성되고 작동한다는 시장에서는 정작 불신만 맞닥뜨린다. 작게는 하루가 멀다 하고 터져 나오는 먹을거리 안전성 문제에서부터, 지금 전 세계 자본주의가 홍역을 앓고 있는 금융의 위기까지 결국 신뢰의 위기라고 할 수 있다. 수출국의 검역 시스템도, 수입국의 검역 시스템도 전혀 믿을 수 없게 되었다. 그나마 있던 통제 장치들도 무역 자유화라는 이름으로 최소화되거나 아예 없어지고, 민간 자율이라는 허울 좋은 '시장의 마법'에 맡겨졌다. 아무도 믿지 못하고 무엇도 보호해 주지 않는 세상. 결국 온갖 투기 자본이 설치다가 이제 금융 위기라는 핵폭탄을 맞아 버렸다.

아무도 믿지 마라. 누가 언제 사기를 칠지 모른다. 누군가가 그것이 사기임을 알기 전에 먼저 사기를 쳐라. 그러면 돈을 번다. 이것이 신자유주의 사회에서 우리가 취해야 하는 마지막 도덕이다. 아무도 믿을 수 없고, 아무에게도 의지해서는 안 된다. 따라서 우리 모두는 '자기 몸은 자기가 돌보라!'는 명령에 따라야 한다. 누구에게도 위로를 기대하지 말고 너 스스로 인생을 개척하고 살라는 명령이다. 나머지는 시장에서 보이지 않는 손이 알아서 조화를 만들어 낼 테니 말이다.

자유의 이름으로 만들어진 이 정글에서는 세상을 살아가는 이유와 태도도, 인간과 삶에 대한 감수성도 통째로 바뀌었다. 삶을 길게 보고 계획하지 못하게 되자, 인생이란 늘 불안정한 상태에서 단기적으로 그때그때를 버티고 견뎌 나가는 것이 되어 버렸다. 이것이 바로 민철 동생이 조폭이 된 이유가 아니겠는가. 자신과 주변의 모든 것을 자본으로 여기고 경영자가 되기를 훈련받는 타짜의 자식과는 달리, 초짜의 자식은 내일이 없는 오늘 하루의 인생을 살거나 그 하루하루 속에서 '인생 한 방'을 꿈꿀 뿐이다. 이들은 교육을 통해 내일을 꿈꾸는 어리석고 미친 짓 따위는 하지 않는다. 민철 아버지가 늘 고민하고 아이들에게 미안해하는 이유도 바로 이처럼 자신의 아이들에게 미래를 줄 수 없기 때문이다. 그렇게 조폭이 된 아들에게도 아무런 말도 하지 못하는 자신의 처지가 한탄스러워서이다.

타인과 고통에 대한 감수성은 또 어떠한가? 성선설까지는 아니더라도, 과거에 우리는 고통받는 사람에 대한 최소한의 동정심과 연민, 그들을 그렇게까지 몰아간 사회에 대한 분노를 가지고 있었다. 그러나 자신의 삶에 대한 공포가 우선하는 신자유주의 사회에서 사람들은 타인의 고통에서 부정한 사회에 대해 분노를 느끼기보다는 자신의 미래에 대한 불안을 먼저 느낀다.

아이들은 "사회의 비참한 현실을 직시하라!"는 주문에 대해 "사는 것도 힘든데 왜 우리로 하여금 이런 현실까지 보게 하느냐?"고 거칠게 저항한다. 고통받는 타인의 얼굴을 보며 내 존재의 정당성이 흔들리고 새로운 윤리를 세워야 할 필요성을 느끼기는커녕, 그것이 내 미래의 얼굴이 되지 않기 위해 그 얼굴을 외면하거나 반면교사로 삼아, 이 공포의 체제에서 예외가 되기 위해 더욱더 적자생존의 경쟁에 뛰어든다. 그만큼 몰락에 대한 공포가 그림자처럼 바로 내 옆에 늘 붙어 다닌다는 이야기이다. 이런 세상에서 타인과의 연대, 아니 하다못해 연민의 감각이라도 생겨나기는 거의 불가능하다.

탈락한 자들의 귀환

INTERNET

RENT BIKE
饮料
DRINKS

4

팔 것이 없으면 살아남을 수 없다

내 생명을 나눠 갖고, 소비하는 신자유주의

《미녀는 괴로워》는 여러 면에서 흥미로운 영화이다. 무엇보다 이 영화는 우리가 살아가고 있는 시대에 '팔릴 만한 사람'이 되기 위해서 무엇이 가장 중요한지를 적나라하게 보여 준다. 천상의 목소리를 가졌지만 예쁘지 않은 얼굴과 뚱뚱한 몸 때문에 무대에 설 수 없는 여주인공은 쭉쭉빵빵 신세대 가수 대신 뒤에서 노래를 불러 주는 '얼굴 없는 가수'이다. 그러던 어느 날 우연히 짝사랑하는 남자가 자신을 철저하게 농락해 왔음을 깨닫고 복수를 결심한다. 이때 그녀가 찾아간 성형외과 의사와 나누는 대화는 이 영화의 백미라고 할 만하다.

전신을 다 바꿔 달라는 여주인공의 말에 의사는 이야기한다. "너 죽을 수도 있어!" 여주인공은 대답한다. "상관없어요. 전 어제 죽었거든요. 저를 살리시든 죽이시든 이제 의사 선생님한테 달렸어요." 사실 이 대사 직전에 여주인공은 의사의 마음을 돌려놓는 결정적인 말을 했다. "성형외과 의사는 왜 인정 못 받느냐고 하셨죠? 생명을 다루지는 않으니까요. 전 허영 때문이 아니라, 살고 싶어서, 하루라도 사람답게 살고 싶어서…… 그래서 하는 거니까…… 선생님이 바라시는 명분도 찾으실 수 있잖아요. 네?"

팔릴 만한 몸과 팔리지 않는 몸의 사이

여주인공의 이 말은 우리 시대에 생명이 무엇인지를 정확하게 드러내 준다. 우리는 의사가 생명을 구하는 사람이라고 생각한다. 이때의 생명은 동물로서의 인간, 생물학적인 생명을 말한다. 의사라면 자고로 메스를 들고 가슴을 열어 사람의 생명을 구해야 최고라고 여겼다. 그러나 《미녀는 괴로워》에서도 보았듯이, 이제 성형외과 의사가 드는 메스는 생명보다 더 고귀한 영혼을 살리는 숭고한 일을 한다. 보통 의사가 하듯 동물로서의 생명을 구하는 일이 아니다. 사람의 외모를 바꾸는 성형외과 의사의 일은 사람으로서의 생명을 구하는 일이다.

우리 시대에 생명은 '팔릴 만한 몸'과 '팔리지 않는 몸' 사이에 있다. 성형으로 육체를 고쳐 주는 일은 '한 사람의 생명과도 맞먹는 한 사람의 삶을 고쳐 주는 일'이다. 그리고 염두에 두어야 할 또 한 가지! 가진 사람에게는 성형이 조금 더 아름다움을 얻기 위한 수술이지만, 가지지 못한 사람에게 성형은 생존의 문제이다.

더 이상 성형은 여성을 상품화하는 가부장제 사회에서 여성에게 가해지는 폭력이나 왜곡이라는 수준에서만 이야기될 수 있는 문제가 아니다. '집도 못살고 공부도 못하는', 가진 것이 별로 없는 사람에게 몸은 마지막 투자의 대상이며, 이윤의 원천이다. 혹 자신의 몸이 이 사회에서 팔릴 만할 정도로 늘씬하지 못하면 성형이라도 해서 팔아야 한다. 이제 성형은 살아남기 위한 마지막 선택이다. 신자유주의 세계화 시대에 살아남는다는 것은 팔린다는 뜻이기 때문이다. 자신의 몸을 팔릴 만한 몸으로 만들고 가꾸는 일은 우리 시대 모든 개인들이 수행해야 하는 가장 신성한 의무이며, 이를 도와주는 각종 서비스, 연관 산업은 우리 시대 가장 커다란 산업 가운데 하나이다.

철학자 장 보드리야르의 말을 빌린다면, 과거에는 육체가 영혼을 감싸고 있었다면 우리 시대에는 겉모습이 육체를 감싸고 있다. 과거에는 육체에 갇힌 영혼을 구하고 육신의 부활을 도모하는 일이 종교의 신성한 의무였다면, 요즘 시대에는 성형외과가 겉모습을 뜯어 고침으로써 육신을 부활시켜 인간을 구원하는 종교의 역할을 대신한다. 이제 구원받아야 할 대상은 영혼이 아니라 육체가 되었다. 이 신성한 구원의 행위에서 제외된 사람에게는 사회로부터의 영원한 탈락이라는 지옥불만 기다리고 있다.

실업계를 졸업한 한 여학생은 자기를 포함해서 반에서 34명 가운데 20명이 쌍꺼풀 수술을 하였고, 담임은 "누가 가장 예쁘게 되었냐?"라는 우스갯소리까지 하였다고 한다.(《시사저널》 2006년 6월 31일자) 과거에는 잘사는 상류층 여성이 성형수술을 하였지만, 요즘 한국에서 제일 많이 성형수술을 하는 사람은 실업계 여고생이다.

우리나라 기업 인사 담당자 열 명 가운데 여덟 명은 여성을 뽑을 때 외모를 중시한다고 한다.(MBC 2006년 12월 27일자 보도) 가뜩이나 학력 자본도 달리는 터에 못생기기까지 하면 이것은 스스로 구직을 포기하는 일이나 마찬가지이다. 실업계 여고생은 예뻐지기 위해서라기보다 살아남기 위해서 성형수술을 한다. 심지어 학생들에게 성형수술을 권한 실업계 고등학교 교사도 있다고 한다. 아예 학생에게는 반값 할인을 하는 성형외과도 있다.

사정이 이러하니, 돈이 모자랄 경우에는 아르바이트를 해서 돈을 모으고, 급할 경우에는 원조교제를 해서라도 성형수술을 한다. 이처럼 가지지 못한 자에게 성형수술은 아름다워지기 위해서 하는 사치가 아니라 살아남기 위해 하는 처절한 몸부림이다.

못생기면 트랜스젠더도 못 한다

여기 팔릴 만한 몸을 갖지 못한, 지옥불에 빠진 은영이라는 한 사람이 있다. 은영의 이야기는 못생긴 주제에 자신의 육체를 구원할 돈조차 가지지 못한 사람이, 우리 사회에서 어떻게 자신의 성 정체성까지 부정당하는지를 적나라하게 보여 준다. 은영은 트랜스젠더이다. 그러나 은영은 트랜스젠더로도, 여성으로도, 남성으로도 인정을 받지 못하고 있다. 못생긴 외모 때문이다.

은영은 지금 고시원을 전전하면서 살고 있다. 한때는 부모님, 동생과 함께 여름휴가를 갔다가 귀신 본 이야기를 까르르 웃으며 할 만큼 단란했던 가족에 대한 기억도 있지만, 그것도 이제는 남의 이야기가 되었다. 자신을 남자라고 생각해 본 적이 없는 은영은 가족에게 성 전환을 이야기하였고, 그때부터 아버지나 동생과 부딪치는 매순간마다 전쟁이었다. 결국 은영은 집을 나왔고 지금은 어머니만 가끔 찾아온다.

은영과 전화를 하려면 그녀가 이모라고 부르는 고시원 주인의 휴대폰 번호로 전화를 걸어야 한다. 지금 은영에게는 땡전 한 푼 없다. 버스비조차 없어 밖으로 나가서 일자리를 구하고 사람을 만나는 일조차 부담스러운 지경이다. 사정이 이러하니 핸드폰도 은영에게는 사치품이다. 사람을 만날 때마다 은영은 어디 일할 곳이 없느냐고 절박하게 물어본다.

한때 그녀는 트랜스바에서 일을 해 보려고 부단히도 노력을 하였다. 돈도 돈이지만 은영은 그곳에 있는 '언니'들과 함께 있고 싶었다. 구박을 받더라도 언니들과 함께 있으면 위로도 얻고 같은 공동체에 있다는 소속감도 얻을 수 있기 때문이다. 어떤 이야기를 하더라도 공유할 수 있는 내용이 많기 때문이다. 그러나 은영이 트랜스바에서 일자리를 구하기는 너무 힘들었다. 이유는 간단했다. 트랜스바에서 일을 하기에 은영이 너무 '여자 같지 않기' 때문이다.

트랜스젠더가 트랜스젠더로 인정을 받기 위해서는 하리수

처럼 여자 같고 보통 여자보다 더 예뻐야 한다. 그래야만 주변의 연민과 동정도 받고 사회적으로 인정도 받을 수 있다. 저렇게 예쁘니 당연히 성 전환을 해야 하고 오히려 그것이 자연스러운 일이라고 생각한다. 그러나 또 다른 트랜스젠더 김비의 책 제목처럼 "못생긴 트랜스젠더"를 향해서 우리 사회는 가차없다. 못생긴 주제에 왜 성 전환을 하려고 하느냐고 질타한다.

트랜스바에서 일자리를 찾기가 힘들어진 은영은 식당이나 자동차 관련 일 등 여러 가지 다른 일자리도 알아보았다. 은영은 자동차와 관련된 여러 가지 자격증도 가지고 있다. 그러나 어디를 가더라도 은영을 받아 주는 곳은 없었다. 남자를 구하는 곳에서는 화장을 지우고 남자처럼 해서 나타나라고 했고, 여자를 구하는 곳에서는 꾸며도 남자 티가 너무 난다고 배척했다. 그러나 이 두 가지 선택 가운데, 이미 호르몬 주사를 맞아 몸이 변하기 시작한 은영이 끼어들 수 있는 곳은 없었다.

겉모습이 안 되면 사생활이나 몸 자체라도 팔라는 유혹

그래서 은영이 생각한 돈벌이는 바로 텔레비전에 나가는 일이었다. 때마침 한 케이블티브이 채널에서 성 소수자의 삶을 다루는 리얼리티 쇼를 시작하였고, 출연자를 구한다는 소식을 들었기 때문이다. 출연료가 얼마인지는 잘 모르지만 은영은 한 푼이 아쉬웠다. 이미 프로그램 관계자가 주변의 몇몇 성 소수자에게 출연을 권유하는 것도 보았다. 은영은 모든 트랜스젠더가 그렇듯이 자신의 삶도 충분히 드라마틱하고 아직 이 프로그램이 트랜스젠더를 다루지는 않았기 때문에 충분히 팔릴 만하다고 생각했다. 하지만 주변의 모든 사람이 말리는 바람에 그녀의 꿈은 이루어지지 못했다.

우리는 자신이 가진 것 가운데 무엇이 상품 가치가 있는지를 날마다 되물어 봐야 하는 사회에서 살고 있다. 그렇게 팔 수 있는 것 가운데 마지막이 사생활, 개인의 이야기이다. 이미 우리 주변에는 팔릴 만한 삶을 낚아채어서 선정적으로 보도를 하는 어마어마한 규모의 미디어 산업이 있다.

사회에서 완전히 배제된 성 소수자, 에이즈 감염인, 장애인 등 소수자의 삶은 미디어의 가장 좋은 먹잇감이다. 소수자의 인권을 생각하는 인간 드라마를 만들겠다는 그럴싸한 허울을 내세우고는 있다. 그러나 정작 카메라가 관심을 갖는 내용은 언제 첫 섹스를 했는지, 언제 배신을 당했는지, 그러면서 어떻게 타락해 갔는지 등 팔릴 만한 이야기뿐이다. 팔 것이 없으면 너의 삶이라도 팔아라. 이것이 소수자가 우리 사회에서 '인간'으로 취급되는 방식이다. 먹고살 길이 막막한 은영도 그 유혹 앞에 서 있다.

소수자뿐만이 아니라 연예인과 일반인까지도, 케이블티브이뿐만 아니라 공중파에서도, 미디어는 상품 가치가 있는 이야기라면 아귀처럼 달라붙는다. 물론 그렇게 팔리는 사생활은 언제나 미디어에 의해 각색되며 구경거리로서의 사생활이 된다.

사람들은 자신의 삶이 팔릴 만한 가치가 있는지 없는지를 알아보기 위해 이제는 모두 미디어로 몰려든다. 부부 사이의 성기능 장애를 해결하기 위해 병원을 가지 않고, 부모 자식 사이의 재산 다툼을 고발하기 위해 경찰서가 아니라 미디어를 찾아간다. 우리 시대의 텔레비전은 경찰서이자, 법원이자, 상담소이자, 병원이다. 인간의 사생활이 좋은 구경거리, 상품임을 잘 보여 주는 각종 리얼리티 쇼가 과연 어디까지 다루게 될지는 솔직히 감히 예측하기가 두려울 정도이다.

팔릴 만한 몸도, 사생활도 가지지 못한 사람이 마지막으로 팔아 치울 수 있는 것은 무엇일까? 장기 매매 아니면 자신의 존재 자체이다. 법이 허술한 인도나 제3세계에서는 선진국의 환자'분'을 위해 단돈 몇백 달러에 장기를 파는 빈민이 허다하다.

특히 2003년 남아시아를 덮쳤던 쓰나미 이후 생계 수단이 막막해진 빈민은 너도나도 장기를 내다 팔았다. 쓰나미가 훑고 지나간 인도 첸나이의 한 빈민가에서는 거주자 2천 명 가운데 1백여 명이 장기 매매를 했다. 하지만 장기 매매를 한 뒤에도 여전히 95%가 빚에 허덕이고 있다. 또한 부실한 수술 뒤처리로 95%는 후유증에 시달리고 있다. 이들은 서구의 잘사는 사람의 장기를 대체하기 위해 존재하는 무균 돼지와 다를 바 없는 존재이다.

아예 자신의 몸을 생체 실험에 내주는 일도 빈번하게 발생한다. BBC의 다큐멘터리 《임상 실험의 천국 인도-실험용 쥐가 된 사람들》은 이런 참상을 잘 보여 주고 있다. 이 다큐멘터리에 따르면 장기 매매 말고는 더 이상 자본주의에 의해 쓸모가 없다며 폐기된 쓰레기, 잉여인간은 나머지 '인간'을 위해 초국적 제약회사들의 실험용 쥐가 되고 있다. 이들이 실험체로 선호되는 이유는 간단하다. 물론 가격이 싸다는 점도 큰 장점이다. 하지만 무엇보다, 잘사는 나라의 인간은 이미 너무 많은 약을 먹었기 때문에 약효를 정확하게 측정하기 힘든 데 반해, 이들은 그동안 못살아서 약이라고는 먹어 본 적이 없기 때문에 신약의 약효를 체크하기에는 안성맞춤이다.

한국 역시 공중 화장실에 가면 신장 매매와 같이 불법으로 장기 매매를 알선하는 전화번호가 게딱지처럼 붙어 있다. 또한 인도나 제3세계에서 자행되는 정도는 아니지만, 한국에서도 비교적 짧은 시간에 적게는 20만 원에서 많게는 80만 원까지도 벌 수 있기 때문에 제약회사의 약효 실험 아르바이트를 뛰는 젊은이들이 있다. 하지만 이 행운을 잡는 일도 그리 쉽지 않다. 까다로운 신체검사를 통과하여야 한다. 위험성이나 부작용은 최소화되었다고 하지만, 먹을 것이 없어서 피를 팔던 과거의 빈곤과 무엇이 다르단 말인가?

내 몸이지만 내 소유일 수 없다

가난한 나라의 가난한 사람 몸만 자본의 덫에 걸린 것이 아니다. 초국적 자본은 정치와 결탁하여 모든 인간의 몸에 대해서 소유권을 주장하고 있다. 부자라도 내 몸이 초국적 의료 자본과 연결된 병원에 맡겨지는 순간에 벌어질 수 있는 일이다. 유전자는 분명 내 몸에서 나온 것이지만 특허권과 지적재산권에 의해서 내 것이 아니라고 선언된다.

신자유주의는 소유권에 대한 근대 자본주의의 기반을 한 단계 더 업그레이드하여 소유권의 중심을 '단순 소유'에서 '자본 투자'로 옮겼다. 몸을 통해서 만들어지는 부가가치는 몸 주인이 아니라, 그 몸에 투자하여 이윤을 창출하는 사람과 그 사람이 소속된 자본의 것이 된다. 신자유주의 산업의 핵심 가운데 하나인 생명 산업, 지적재산권과 특허권은 이를 가장 극명하게 드러내 준다.

한국에도 많이 알려진 존 무어의 사례를 보자. 알래스카의 사업가이던 존 무어는 희귀 암에 걸려 캘리포니아 대학병원에서 치료를 받았다. 치료 과정에서 의사는 그의 비장에서 암세포와 싸우는 백혈구의 성장을 촉진시키는 단백질이 나온다는 사실을 알게 되었다. 의사와 병원 측은 이것을 존 무어에게 알리지 않은 채 그의 비장 세포를 추출하여 상품화하는 데 성공하여 특허권을 획득하였다. 그 가치는 30억 달러였다. 나중에 존 무어가 이것을 알고 병원 측에 대해 자신의 비장 세포에 대한 재산권을 주장하였지만 법원은 존 무어에게 패소 판결을 내렸다. 이에 대해 '수유공간 너머'의 이진경은 "만약 항체를 무어의 소유라고 인정하면 벤처 자본이 생명과학 연구에 투자를 안 할지도 모른다."라는 노파심이 우리 신체의 소유권마저 의사나 자본의 손에 넘겨준 경우라고 설명하였다.

신자유주의 이전까지 소유는 물질에 대한 소유만을 뜻했다. 그 물질의 소유자는 그 물질에 대해 배타적인 독점권을 가지고 있었다. 토지의 소유자는 그 토지에 대한 배타적인 소유권을 가지고 있었기에, 그 토지를 가지고 농사를 짓건 내팽개쳐두건 그것은 소유주의 마음이었고 자본주의는 그것을 옹호하였다. 《닥쳐라, 세계화!》에서도 다룬 브라질의 무토지 점거 농민의 절규는 바로 토지를 소유하지 못했지만 경작해야만 살 수 있는 이들의 절규였다. 하지만 자본주의 사회에서는 이 농민에게 군홧발과 총부리만 돌아올 뿐이었다. 이는 배타적 소유권을 보여 주는 단적인 사례이다.

이와는 달리 부자이거나 거지이거나 상관없이 인간이라면 누구나 배타적 독점권을 주장할 수 있는 소유물이 하나 더 있으니, 바로 자신의 몸이다. 몸이 나에게 속해 있다는 사실만큼 분명한 것은 없다. 근대 인권의 가장 기본이자 출발점인 생명권은, 개인의 몸과 생명은 배타적 재산으로서 누구로부터도 침해될 수 없다는 사상에 근거하고 있다. 자본주의가 절대적으로 옹호하는 재산권의 보편적 근거 역시 바로 인간의 몸과 생명이다. 다른 일반적인 재산에 대한 소유주의 배타적 독점권 역시 이러한 몸과 생명의 연장에서 정당화되었다.

그런데 존 무어의 사례에서 볼 수 있듯이, 이제 신자유주의 사회에서는 그 몸의 소유주가 아니라 그 몸으로부터 부가가치를 창출한 병원이나 연구자에게 특허권과 지적재산권에 대한 배타적인 독점권을 인정하는 지경에 이르렀다. 얼핏 자본주의의 기본적인 속성과는 정반대로, 소유보다 노동의 가치를 더 높게 인정하는 듯 보이기도 한다. 과연 지적재산권과 특허권은 자본주의에 대한 배신인가? 아니면 가진 자의 이익만을 보호하기 위해 자본주의가 금과옥조처럼 떠받드는 소유권이라는 기반을 무너뜨린 자기 파괴적인 행위인가?

자본주의는 '묵혀 두는 소유'에 대해서는 가차 없이 비난하고 '자본으로 전환하는 소유'만을 칭송하고 자본으로 인정하는 속성을 갖고 있음을 다시 한 번 상기해 보자. 결국 특허권과 지적재산권 역시 여기서 한 발 더 나아간 체제일 뿐이다. 요컨대 당신의 몸에 안드로메다에서 온 고귀한 혈통과 유전자가 있고 그것이 만병통치약이라고 하더라도 당신의 몸에서 썩고 있는 한 자본으로서의 가치가 없다. 그 혈통과 유전자는 누군가에 의해서 발견되고 이윤을 남기기 위해 자본으로 굴려져야 가치가 있다. 문제는 누가 이것을 자본으로 굴리기 시작하였는가이다. 신자유주의 사회는 특허권과 지적재산권에 대해,

그것을 자본으로 굴리기 시작한 사람을 소유주에 앞선 창조주로 선포했다. 소유권에 대한 지극히 자본주의적인 결정이다.

법 • 제도 • 과학까지 동원하여 내 몸을 가져가는 초국적 자본

바로 여기에서 신자유주의의 진정한 괴물, 자본과 연구와 치료가 통합되어 있는 초국적 자본이라는 권력이 등장한다. 겉으로 보기에 가치를 생산하는 노동, 즉 연구를 수행하는 주체는 의사나 연구원이지만 그 뒤에는 특허권과 재산권을 준비하고 보호하는 병원, 그것도 일개 병원이 아니라 엄청난 규모로 자본화되어 있는 병원이 있다. 물론 가끔씩 개별 의사나 연구원, 즉 노동자가 떼돈을 벌지만 실질적으로 이들을 조정하고 관리하고 통제하는 힘은 초국적 제약회사와 연결되어 있는 병원이라는 제도이다.

사실 생명 산업 시대에 병원에 누워 있는 환자는 병원의 서비스를 구매하러 온 소비자인 동시에 병원에 수많은 데이터를 제공해 주는 자원이기도 하다. 그러나 그는 자기 몸을 자원으로 제공하면서도 아무런 소유권이나 이익 배당을 청구할 수 없는 묘한 위치에 있다. 사실 이러한 환자의 위치야말로, 이 시대에 칭송받는 소비자가 어떻게 무보수로 자본의 이익에 기여하는 존재인지를 잘 보여 주고 있다.

병원은 환자로부터 온갖 데이터를 수집하고, 그 데이터에 기초하여 새로운 실험 방법을 세우고, 그 실험 방법에 기초하여 새로운 치료제, 치료 방법을 개발한다. 병원에 누워 있는 환자는 동시에 실험 대상체이다. 물론 그 실험 대상체는 마루타처럼 함부로 다루어지지 않고, 아주 정밀한 보호와 돌봄 속에서 다루어진다.

또한 병원은 이렇게 데이터를 모으고 처리하여 새로운 치료를 발견, 발명해 가는 동안에 벌어질 수 있는 모든 법적인 문제를 처리하는 기관이기도 하다. 엄청난 규모의 법률 자문 속에서 연구와 치료제 개발은 이루어진다. 개발 이후에 필요한 법적인 처리 역시 병원이 담당한다. 이런 치밀한 제도적 뒷받침 속에서 연구자는 안심하고 환자를 연구하고 환자로부터 나온 데이터로 새로운 약물과 치료제를 개발할 수 있다. 바로 이런 점에서 병원은 더 이상 단순한 병원이 아니라 '치료-연구-개발-법-제도'가 네트워크로 연결되어 있는 하나의 거대한 복합체이다.

지금까지 살펴보았듯이, 신자유주의 체제 아래에서는 그 무엇보다 확실하게 나의 것이라고 여겨져 왔던 나의 몸마저 온전히 나의 것이 아니고, 여기저기에 걸쳐 있는 모호한 것이 되었다. 내 몸에 개입하고 있는 성형외과에서부터 시작하여 고용주, 계약 당사자, 그리고 병원에 이르기까지 수많은 제도가 내 몸에 걸쳐져 있고, 그것들 각각은 내 몸에 자기의 몫을 가지고 있다.

신자유주의 국가는 이렇게 여러 주체에 걸쳐 있는 나의 몸에 대해, 누가 어떤 부분을 소유하고 어디까지 소유권을 주장할 수 있는지를 확정짓는다. 물론 국가의 이 판결을 각자에게 유리하게 이끌기 위해 수많은 법률적, 제도적 장치가 동원된다. 이 싸움이 누구에게 유리할지는 말할 필요도 없이 분명하다. 가장 많은 법률적 자원을 동원할 수 있는 자본, 아니 이미 그 법률적 자본과 복합체로서 한 몸을 이룬 자본이다. 그 자본 가운데에서도 국가를 가로지르며 글로벌 스탠더드, 즉 원칙을 정할 수 있는 초국적 자본이 게임의 규칙을 만들고 있다. 지적 재산권과 특허권은 그것의 가장 적나라한 사례이다.

5

탈락한 자에게는
쓸쓸한 묘비명조차 없다

시장도 복지도 외면한 사람들

2008년 일제고사를 치르고 나서 한 고등학생이 자살했다. 특목고에 다니던 그 학생은 늘 1등급이었는데 성적이 떨어지자 비관하여 자살했다고 알려졌다. 하지만 그 아이가 떨어져 죽은 자리는 아파트 값 때문인지 수위가 와서 황급히 흙을 덮어 흔적을 지우려 하였고, 학교에서는 모두가 다 쉬쉬하였다. 교사들은 전화를 안 받고, 찾아간 기자는 교문 밖에 서성이며 쉬쉬하는 아이들을 인터뷰하였다. 인터뷰를 하는 아이들은 죽은 친구가 안되었지만, 학교에서는 아무 일도 안 벌어진 듯하다면서 웅성거렸다.

그 아이는 죽어서도 존재하지 않는 사람이다. 스스로를 죽일 수는 있었지만, 타인으로부터 추모될 수는 없었다. 추모가 금지당한 존재라는 의미에서 그 아이는 살아서는 경쟁에서 뒤처져 잊힌 존재였고, 죽어서는 아예 존재가 말살된 존재이다. 이탈리아의 정치철학자 조르조 아감벤은 이런 존재를 일컬어 "신성한 인간Homo Sacer"이라고 부른다. '신성한 인간'은 로마 시대에 "죽여도 아무도 처벌을 받지 않지만, 절대 제물로는 바쳐질 수 없었던" 사람을 일컫는 말이었다. 이들은 인도의 불가촉천민과 비슷한 존재이다. 불가촉천민 역시 예전에 상위 카스트로부터 아무런 거리낌 없이 살해를 당했지만, 불결하다고 하여 이들이 힌두교 사원에 들어갔다 나오면 그 자리를 반드시 물로 씻었다.

이들의 생명은 이중으로 부정당한 목숨이다. 먼저, 아무나 죽일 수 있다는 점에서 이들의 목숨은 생물학적인 가치를 인정받지 못하였다. 두 번째로, 이들의 생명은 신을 위한 제단에 바쳐질 수 없다는 점에서 사회적이고 정치적인 가치도 부정당했다. 인간으로서의 가치뿐만 아니라 동물로서의 가치도 없는 사람이다. 아파트에서 뛰어내려 죽었지만 그 핏자국마저 물로 씻겨 내려가 버린 아이야말로 우리 시대의 신성한 인간이지 않은가.

살림으로써 정당성을 얻는 근대 권력

앞에서도 이야기했듯이 신자유주의 사회에서는 원칙과 예외가 뒤바뀌고, 예외가 영원히 이어져 더 이상 원칙이 원칙으로서의 역할을 못하게 된다. 생명의 문제를 다루는 권력에서도 마찬가지로 역전 현상이 일어나고 있다.

프랑스 사상가 미셸 푸코가 말했듯이 중세의 권력은 죽이는 행위를 통해 자신의 힘을 보여 주고 통치하였다. 우리가 흔히 사극에서 보는 능지처참이나 효수형은 이러한 중세의 권력을 상징한다. 권력자는 너희를 언제든 죽일 수 있다는 전시 행위를 보여 줌으로써 통치를 이어 갔다. 반면에 근대국가의 권력은 생명의 절대적 가치를 인정하고, 그 사회의 시민이라면 무조건적으로 그 생명을 살리는 일에 용왕매진하며, 아주 예외적인 경우에만 죽게 내버려 둔다.

얼마 전 중국 쓰촨성에서 일어난 대지진 때 중국 정부가 보여 준 모습은 '살리게 하는' 근대 권력의 대표적인 예라고 할 수 있다. 대지진이 일어나자 중국은 즉각 국가의 모든 자원을 동원하여 생존자 구조와 이재민 구호에 나섰다. 바로 직전에 있었던 티베트 민중의 봉기와 유혈 진압으로 외신에 대해 아주 민감한 때였지만, 과감하게 외신에게 현장을 공개하고 국제사회에도 지지와 지원을 호소하였다. 특히 원자바오 총리는 현지로 달려가 직접 잔해를 헤치며 구호 작업에 나서는 등 몸을 아끼지 않는 모습을 보였다. 이는 중국과 홍콩 사람을 감동시키며 중화민족주의를 고양시키는 기폭제가 되었다.

이에 대한 중국 민중과 화교의 반응은 폭발적이었다. 홍콩 민주화 단체처럼 중국의 인권 정책에 대단히 비판적인 이들조차도 "저렇게 노력하니 좀 더 시간을 줘야 하는 것 아니냐?"라는 반응을 보였다. 8만여 명의 사망, 실종자를 낳은 초유의 대재앙은 "어려움에 처한 동포를 돕자!"는 구호 아래 중국인을 단결시켰다. 누구보다 중국 정부에 대해 비판적이고 본토의 인권 문제를 적극적으로 제기해 온 '홍콩의 양심'이라 불리는 조지프 쩐 추기경의 마음마저도 움직였다. 그는 대지진에서 베이징 정부가 보여 준 투명하고 헌신적이고 인간을 중심에 둔 대처는 칭찬받아 마땅하다고 평가했다. 중국 정부는 '다수를 살게 해 주고, 소수를 죽게 놔두는' 근대 권력을 통해 성공적으로 통치의 정당성을 세웠다.

이러한 살리는 권력의 예외가 되어 버림받은 사람이 바로 신성한 인간이다. 죽었어도 추모되지 못하는 사람은 바로 우리 시대의 예외적 목숨이다. 대표적 신성한 인간인 인도의 불가촉천민이나 난민 같은 이들은 근대 시민으로서의 권리가 부정당한 극히 소수의 사람들이다. 그러나 신자유주의가 심화되고 예외가 항구화되면서 이 생명 통치의 예외가 되어 버린 이들도 점점 더 늘어나고 있다. 언제 망할지 모른다는 공포 속에 휩싸여 살아가는 우리 모두는 잠재적으로 신성한 인간인 셈이다.

예외가 되어 죽게 버려진 사람들

성적이 떨어져 자살을 택한 특목고 아이도 마찬가지이다. 1등을 하다가 5등을 하더라도 특목고를 다니는 아이라면 서울대는 못 가더라도 최소한 연대, 고대는 갈 수 있을 텐데 왜 자살을 하는가 싶겠지만 이것은 그 아이가 느끼는 탈락의 공포를 가늠하지 못하는 소리이다. 그 아이가 절망하게 된 근거는 단순하게 1등에서 5등으로 떨어졌다는 수치가 아니라, 그 추락

운동의 가속도이다. 이 가속도가 주는 공포감은 내 존재가 모두로부터 비난받고 버림받게 된다는, 나락으로 향하는 운동의 공포감이다.

남부러울 것 없이 잘나가다가 나락으로 추락하여 존재가 말살당한 사람으로 에이즈 바이러스 감염인을 들 수 있다. 이들이야말로 생명 통치의 예외가 되어 존재가 지워지는 사람의 상징이다. 《필라델피아》 같은 영화는 이러한 상황을 아주 잘 보여 준다. 이 영화의 주인공 역시 잘나가는 변호사였지만 에이즈 바이러스에 감염된 사실이 알려지자마자 회사로부터 해고를 당한다. 영화는 그 뒤에 주인공이 직업적 명예를 되찾기로 결심하고 소송을 하면서 벌이는 삶의 투쟁을 그리고 있다.

여기서 중요한 점은 에이즈 바이러스에 감염된 사람은 실제로 바이러스에 감염된 그 순간이 아니라, 감염이 알려진 그 순간부터 죽은 목숨이 된다는 점이다. 생물학적인 바이러스 감염에 의해서가 아니라, 바이러스의 존재가 알려지는 사회적 감염의 순간, 바로 그때 그의 생명은 끝이 난다.

생명을 다루는 근대의 권력이 생물학적인 생명에 대해서 얼마나 이율배반적인지 단적으로 보여 주는 경우이다. 근대 권력은 '벌거벗은 생명'이 탄생하는 순간부터 주권과 권력의 정당성을 세운다. 근대 권력은 시민이라는 조건만 충족시킨다면 바로 조건 없이 그 목숨이 살도록 해 준다. 원자바오 총리가 맨손으로 폐허가 된 지진 현장을 헤집고 다니는 모습은 '살게

해 주는' 근대 권력의 생생한 예라고 할 수 있다.

한편, 영화《필라델피아》에서 보았던 에이즈 바이러스 감염인은 벌거벗은 생명의 생물학적 종말이 아니라, 사회적 종말과 함께 근대 권력이 생명에 대한 책임과 의무에서 손을 뗀 경우이다. 생명 정치는 그 무엇보다 생물학적인 생명에 기반을 두었지만, 가장 사회적이고 정치적인 방식으로 생명에 종지부를 찍고 '죽게 내버려' 둔다.

우리 시대 생명 권력의 특성은 생명관이 다른 문화와 비교해 보면 더 잘 드러난다. 환생을 믿는 티베트인은 사람의 생물학적인 목숨이 끝났어도 죽은 뒤 49일 동안 그의 영혼이 아직 육체로부터 완전히 작별을 고하지 않은 상태라고 보고 죽은 사람으로 간주하지 않는다. 망자의 영혼은 이 49일 동안 자기 자신에 대해 가진 환상과 집착, 공포와 혼돈에서 벗어나, 자신이 죽었고 죽은 자신이 보는 모든 환영은 죽은 자기가 만든 것에 지나지 않음을 이해한 뒤에야, 육체에 대한 집착에서 벗어난다. 티베트인은 이를 진정 죽음이라고 본다. 그들의 생명 정치는 처음부터 끝까지 생물학적으로 다가가지 않으며, 일관되게 영성적인 태도로 삶과 죽음을 다룬다.

에이즈 바이러스 감염 사실이 알려진 사람은 근대 생명 정치가 담보하는 책임과 의무 바깥으로 추방된다. 국가와 사회는 이들의 생명에 대해서 책임을 질 필요가 없다. 따라서 그 순간 이들의 사회적 생명은 끝이 난다. 그러나 한편, 이 추방된 사람은 고대에서 중세의 '문둥이'(한센병 환자)'처럼 사회의 바깥으로 완전히 내쳐지지 않고, 권력의 더 철저한 감시 아래 놓인다. 따라서 역설적인 표현이지만, 생명 정치의 내부로 추방된 사람으로 봐야 한다. 이들의 사회적 생명은 끝났지만 이들의 생물학적 생명에 대한 통치는 끝나지 않은 셈이다.

인간의 권리가 아닌 짐승의 권리

한국의 에이즈 바이러스 감염인은 이사를 다닐 때마다 신고를 해야 한다. 이들은 죽을 때까지 국가 권력의 엄격한 감시를 받아야 한다. 물론 이 엄격한 국가 권력은 감염인을 엄격하게 외부로부터 격리시킬 뿐, 결코 감염인의 사생활을 보호하거나 주변의 차별과 인권 침해로부터 엄격하게 보호하지 않는다.

감염인을 만나 보면, 보건소 직원이 불쑥 찾아오는 바람에 주변에 감염 사실이 노출되어 삶의 터전에서 쫓겨나게 되는 경험도 허다하다고 한다. 직장의 건강 검진에서 감염이 드러난 경우에는, 아무런 예비 조치 없이 고용주에게 감염 사실이 통보되어 결국 해고되고, 먹고살 길을 빼앗기기도 한다.

인간은 일정한 장소를 차지하고 살아간다. 그곳에서 그저 먹고살 뿐만 아니라, 다른 사람과 함께 울고 웃으며 살아가는 의미를 찾고 느끼며 인간이 된다. 장소를 가짐으로써 인간은 표정을 갖게 되고 얼굴을 갖게 된다. 하지만 감염인은 자신의 얼굴을 드러낼 장소에 대한 권리를 박탈당했다. 감염인은 자신이 거주하는 고시원이나, 모여 있는 쉼터의 존재가 알려지는 순간, 다른 곳으로 다시 추방되어야 한다.

유대인과 난민이 국가를 잃었을 때 추방되고, 이동할 수 있는 권리가 박탈당한 사람이라면, 감염인은 얼굴 없이 '존재 없는 존재'로 서식하거나 감시 아래 떠돌아다닐 수밖에 없는 사람이다. 이는 감염인에게 인간으로서의 권리는 부정되고 오로지 동물로서의 권리만을 가지고 있음을 잘 보여 준다.

생명 권력은 공짜로 약을 주어 모든 국민의 목숨을 "살리고 돌본다."고 큰소리친다. 하지만 생명 권력은 오로지 동물적 목숨만을 보존시킬 뿐, 인간으로서의 삶과 권리에는 철저히 무관심하다. 생명 통치의 예외가 되어 그 권력의 감시 아래 놓인 이들은 그저 산송장일 뿐이다. 그들은 살아 있으나 죽은 사람, 죽었으나 여전히 통치의 대상이라는 점에서 생명 정치의 '내부의 외부'로 추방된 사람이다.

감염인이나 난민뿐만 아니라 기차역마다 넘쳐나는 노숙자 역시 장소에 대한 권리를 박탈당한 사람이다. 이들은 어디에서도 타인과의 관계를 만드는 얼굴을 가지지 못한 존재, 머리만 있는 존재이다.

우리는 얼굴이 없고 머리만 있는 존재를 인간이라고 부르지 않는다. 머리만 있는 존재에 어울리는 이름은 짐승이다. 국가는 치료제를 공짜로 제공한다고 생색을 내거나 노숙자 쉼터를 제공한다며 이들의 인권을 보호한다고 주장하지만, 사실 국가는 이들을 인간으로 돌보지 않고 짐승으로 취급하며 돌보고 있다.

또한 온 국민의 생명이 통째로 통치에서 예외가 되어 버린 대표적인 사례로 바로 2008년 봄 한국을 뜨겁게 달구었던 미국산 쇠고기 수입 파동을 들 수 있다. 교역이 우선이지 국민의 건강권과 검역 주권은 예외가 되어 버린 신자유주의 사회에서, 내 생명 역시 내팽개쳐질지 모른다는 공포가 수십만 명의 국민을 길거리로 나오게 하지 않았던가? 특히나 미국산 쇠고기가 수입이 되면 가장 손쉽게 대량으로 유통되리라 예상되는 데가 학교 급식이기 때문에, 아이들이 맨 먼저 시위에 나섰던 것은 아닐까?

누구나 이 나락에 떨어질 수 있다

아파트에서 투신자살을 한 아이와 감염인의 이야기가 자신의 이야기는 아니고 여전히 극히 예외적인 사건이라고 생각할 수도 있다. 하지만 망하는 일이 예외가 아니라 일상다반사가 되어 버린 우리 사회에서 노숙자가 되어 버린 사람, 경제적인 이유로 가정이 해체되어 부모로부터 버림받은 고아, 등록금을 마련하지 못해 자살해 버린 대학생, 이 수많은 목숨은 우리의 현재이자 미래일 가능성이 크다.

이들 모두 장소를 박탈당한 사람이다. 얼굴을 박탈당한 사람이다. 그런데도 나락으로 떨어지는 일이 여전히 우리와는 관계없는 먼 나라의 이야기인가? 잘살거나 못살거나 상관없이 우리 모두는 이 나락으로 추락하는 벼랑 끝에 아슬아슬하게 걸쳐 있다. 취업이 아니라 실업이 만성화되고 명예퇴직과 정리해고가 일상다반사가 되면서 이 나락은 언제든지 중산층의 옆에서 아가리를 벌리고 있는 무저갱이다.

경제 위기 이후 미국에서도 중산층은 대규모로 붕괴하고 있다. 연봉 7만 달러를 받으며 승승장구하던, 21세기의 가장 유망 직종 가운데 하나라던 전문 보안직 요원이 시급 12달러를 받는 청소부 신세로 전락하였다. 그나마 이 사람은 직장이라도 구했으니 다행이라고 할 수 있다. 그러나 미국의 신용경제를 감안하면, 이 사람은 거의 패가망신했을 가능성이 많다. 얼마 전까지 7만 달러의 연봉에 걸맞는 신용을 가지고 있었을 테고, 그 신용으로 그가 누리던 집이나 대출이나 여러 가지 혜택이 한꺼번에 빚이 되어서 돌아왔을 테니까.(《한겨레》 2009년 3월 2일자)

한국 역시 예외는 아니다. 후배 준석은 잘나가던 초국적 제약회사를 다니다가 얼마 전 미련 없이 회사를 그만두었다. 그가 모시던 부장이 정리해고를 당했는데 그의 송별회에서 부장의 눈물을 보고 난 다음의 일이었다. 부장은 괜찮다는 말을 연발하였지만 새벽 4시가 넘어가면서 끝내 눈물을 흘리고 말았다. 그가 명예퇴직금으로 받은 돈은 3억이었다. 초국적 기업에서 일을 한 덕에 다른 기업에 비하면 상당히 큰 돈이다. 그러나 그 부장은 "내가 지금 고등학생인 아이가 둘이다. 이 돈으로 무슨 수로 그 아이들의 사교육비며 생활비를 감당하겠는가?"라며 막막해하였다. 두 아이의 사교육비만 하더라도 한 달에 백만 원이 훌쩍 넘는다.

이 퇴직한 부장이 할 수 있는 일은 전 세계에서 가장 많다고 하는 치킨집 따위의 요식업뿐이다. 초등학생 때는 국제중에 들어가기 위해 경쟁해야 하고, 중학생 때는 자사고나 특목고에 들어가기 위해, 고등학생이 되면 서울대나 연대, 고대에 들어가기 위해, 대학에서는 취직하기 위해, 취직한 뒤에는 정규직이 되기 위해 노력하다, 4~50대가 되면 회사에서 잘려 무한경쟁의 요식업에 들어서는 것이 한국에서 평균 이상 되는 사람이 밟는 운명적 길이다. 한국의 음식점당 인구 비율은 일본의 절반밖에 되지 않는다. 즉 일본에 비해 요식업계 경쟁률이 두 배인 셈이다.

경제 위기의 여파로 수많은 실직자가 소규모로 창업이 가능한 요식업계로 몰려 경쟁은 더욱 치열해지고, 요식업계 역시 경제 위기의 직격탄을 맞았다. 매출이 20%에서 90%까지 줄어들어 문을 닫는 곳이 속출하고 있다. 그 결과 요식업 외에 다른 자영업까지 포함한다면 2009년 2월 기준, 한국에서 자영업자 수는 2008년 11월과 비교해 42만 명이나 감소한 것으로 나타났다. 퇴직한 사람이 창업을 하였다가 망하고, 다시 다른 창업을 하면서 그나마 명예퇴직금으로 받은 원금을 다 까먹고 빈곤층으로 전락하는 악순환이 시작되었다. 더욱 심각한 문제는 이 자영업이 차지하는 고용 비율이 다른 나라에 비해 한국에서 월등하게 높다는 점이다. 즉 자영업의 위기는 곧 고용의 위기로 직결되는 셈이다.

2003년 KT에서 명예퇴직을 당했던 5천5백 명에 대한 추적 보도는(《조선일보》 2006년 3월 20일자) 그 단적인 예이다. 평균 월급 3백만 원이 넘는 전형적인 한국의 중산층이었던 이들 가운데 퇴직 후 2년이 넘도록 재취업을 하지 못한 사람이 네 명 가운데 한 명 꼴이었다고 한다. 또한 취업을 하였지만 월급이 1백만 원이 못 되는 경우가 절반이 넘었다. 퇴사 전처럼 3백만 원 정도의 수입을 얻는 사람은 4.2%에 지나지 않았다. 5명 가운데 한 명은 창업을 하였으니 위에서 이야기했듯이 대부분 창업 후 몰락의 길을 밟았을 터이다.

이것이 신자유주의 이후 한국의 중산층이 신빈곤층으로 몰락해 가는 전형적인 길이다.

시장과 복지의 철수

예외가 되고자 하는 이들의 성채가 아파트라면, 탈락한 이들의 대표적 공간으로는 빈민촌을 들 수 있다. 얼마 전까지만 해도 서울 지역에 숱하게 많던 달동네라든가 비닐하우스촌과 같은 곳이 대표적이다. 2007년 《한겨레》의 김기태 기자는 노원구 상계동 양지마을로 이사까지 가서 빈민촌을 취재하였다. 이 보도에 따르면 주택 가운데 열에 아홉은 무허가이며, 열 집 가운데 여섯 집은 아주 오래전부터 장기적인 빈곤에 시달려 온 빈곤층이고, 나머지 넷은 사업 실패나 사기 등으로 이 마을에 흘러 들어온 신빈곤층이다.

이런 빈민촌의 가장 큰 특징 가운데 하나는 시장도 철수를 해 버린다는 사실이다. 많은 사람이 신자유주의에 대해서 착각하고 있는 것 가운데 하나가 신자유주의는 시장 근본주의이기에 무한정 시장의 확장을 시도한다고 생각하는 점이다. 하지만 시장 근본주의는 시장으로서의 가치가 없는 곳에서는 과감하게 시장을 철수하기도 한다. 또한 시장이 철수한 곳에 공연한 국가의 세금을 쓰지 않게 하기 위해서 행정마저 철수시키기도 한다. (이것과 관련된 외국의 사례는 《닥쳐라, 세계화!》 참조.)

빈민촌에서 시장이 철수한 대표적인 사례로는 24시간 편의점을 들 수 있다. 굳이 달동네까지는 아니더라도 서민이 많이 몰려 있는 동네에서도 24시간 편의점은 찾아보기 힘들다. 내가 몇 년 전까지 살았던 서울시 서대문구의 한 지역 역시 아주 못사는 동네가 아님에도 주변에서 24시간 편의점을 찾기가 매우 힘들었다. 그전에 살던 서교동이나 연희동에서는 대로변만

나가면 한 집 건너 한 집이 편의점이었는데 말이다.

미국에서도 대형 마트가 들어오고 지역 전체 상권의 대형화가 진행이 되면 될수록 슬럼의 상권이 공동화되었다. 슬럼의 상권이 워낙 작다 보니 대형마트와 경쟁하여 수지타산을 맞출 수 없게 되면서 문을 닫는 상점이 많아졌다. 이 때문에 슬럼의 사람은 아주 먼 곳까지 가서 시장을 봐야 하고, 이동성이 떨어져 대형 마트에 갈 수 없는 노인네들은 결국, 대형 마트보다 훨씬 더 비싼 가격이지만 동네 슈퍼마켓을 이용할 수밖에 없었다. 동네 슈퍼마켓 입장에서도 어쩔 수 없이 비싼 가격에 물건을 팔 수밖에 없었는데, 물품을 공급하는 측에서 이전과는 달리 작은 규모의 소매업에는 유통비용 등을 많이 물리기 때문이었다.

그나마 이런 빈민촌은 재개발과 뉴타운으로 인하여 급속도로 대도시에서 사라지고 있다. 대신 반지하와 옥탑방이라는 독특한 주거 공간이 이 빈곤층을 흡수하고 있다. 박정희 정권 시절에 방공호로부터 출발하였다고 하는 이 반지하에는 1백 41만 명이나 되는 사람이 살고 있다. 서울에서는 열 가구 가운데 한 가구는 반지하에서 생활하고 있는 셈이다. 이 공간에 살고 있는 사람의 면면을 살펴보면 우리 사회의 신빈곤층이 어떻게 형성되고 어떤 경로로 만들어지는지 잘 알 수 있다. 민철 가족이 함께 살고 있던 곳도 바로 반지하이다. 반지하에서는 여름이나 겨울이나 온 몸에 곰팡이가 슬어 병드는 곳이다. 반

면, 옥탑방에서는 여름에는 쪄 죽고 겨울에는 얼어 죽는다.(《한겨레21》 2008년 8월 15일자)

달동네로 대표되는 구빈민의 공간과, 옥탑방과 반지하로 이야기되는 신빈민 공간의 가장 큰 차이는 돌봄의 방식이 바뀌고 빈민의 고립이 더욱 심화되었다는 점이다. 과거 달동네는 정부와 체제의 돌봄 바깥에서라도 주민들 스스로 하나의 살아있는 집단을 이루고 자치적으로 돌봄을 수행하던 공동체였다. 좋은 의미에서는 육아 등 집안의 대소사를 전체 마을 주민과 공유하고 분담하는 돌봄의 공동체였으며, 나쁜 의미에서는 폭력, 알코올 중독, 사기, 야반도주 같은 문화가 횡행하는 그런 공동체였다.

반면, 반지하에 살고 있는 이들은 과거의 빈곤층이 나름의 공동체를 만들어 서로 돌보고 살았던 것과는 전혀 다른 상황에 놓여 있다. 1990년대 이후 달동네가 철거, 해체되면서, 이들은 한국에만 존재하는 옥탑방과 반지하라는 고립된 공간으로 흩어질 수밖에 없었다. 빈곤층끼리 서로 돌보던 공동체의 모습은 동사무소 복지과 담당자에 의해 관리되는 모습으로 전격적으로 바뀌었다. 설혹 남아 있는 빈곤층 주거 지역이나 임대아파트의 경우일지라도 공동체적 돌봄에 익숙하지 않은 신빈곤층이 구빈곤층과 어울려 있기 때문에 공동체적 돌봄을 이끌기는 거의 불가능한 상태이다.

더구나 신빈곤층은 가난에 익숙하지 않은 가족 구성원들이

좁은 방에서 장시간을 부대끼며 살아야 하다 보니 도저히 견디지 못하고 뿔뿔이 흩어지는 경우가 허다하다. 가족이 돌봄의 단위가 되기는커녕 상처의 근원이 된다. 따라서 이 신빈곤층은 돌봄이라는 맥락에서 구빈곤층과 달리 최소한의 자치 장치도 없이 완전히 고립되어 있기 때문에 더욱 취약한 범주가 되었다.

시골은 빈민층과 더불어 시장과 복지가 어떻게 철수하였는가를 보여 주는 좋은 예이다. 경영 효율화라는 이름으로 시골에서는 마을버스나 시내버스가 점점 더 적어지고 있다. 사실 공공 대중교통수단이 가장 많이 필요한 곳은 서울과 같은 대도시가 아니라 시골이라고 할 수 있다. 그러나 시골 지역에서의 급격한 인구 감소는 버스 운행과 같은 대중교통수단에서 급격한 적자를 낳았고, 이 재정을 감당하지 못하는 지방자치단체들은 운행 횟수나 노선을 급속도로 축소하였다. 시장의 철수와 함께 복지의 철수도 동시에 일어난 셈이다. 덕분에 시골에서 노인네들이 움직이기 위해서 가장 필요한 것이 자가용이 되는 황당한 일이 벌어졌다.

전남 영광에서 생태여성 운동을 하는 한 원불교 교무님은 "자가용이 없으면 여기서 아무런 사회 운동도 못한다."면서 "생태운동을 한다는 내가 자가용을 몰고 다녀야 하는 것이 가장 큰 역설"이라고 이야기했다.

예외가 된 사회적 약자에 대한 공격

이처럼 신자유주의 이후 시장과 복지의 철수, 자립적인 공동체의 파괴는 가장 가난하고 사회적으로 취약한 지역에서부터 나타난다. 소위 신자유주의의 챔피언인 CEO는 도덕적 해이에 빠져 엄청난 규모의 돈 잔치를 벌이는 장본인이면서, 오히려 사회적 약자를 '도덕적 해이'의 비난 대상으로 만들고 있다. 게으르고 일을 하기 싫어하고 '복지 의존병'에 빠져 있다는 식으로 말이다.

전 세계적으로 지난 10년 동안 복지는 축소되었는데, 이는 나락으로 떨어진 사람의 생명을 국가가 어떻게 생명 통치의 예외로 삼는지 잘 보여 준다. 이제 더 이상 시민이기 때문에 자동적으로 보장되어야 하는 통치의 의무 따위는 없다. 통치의 대상이 되기 위해서는 자신이 생산성이 있으며 경제적 가치가 있음을 증명해야 한다. 복지는 시민이기에 당연히 누려야 하는 권리가 아니라, 누가 시민으로서 자격이 있고, 누가 시민으로서 자격이 없는지를 국가가 가리고 난 다음, 예외적으로 베푸는 특혜가 되었다.

호주의 원주민 복지 축소 정책은 복지와 예외의 이러한 관계에 대한 좋은 예이다. 호주의 신자유주의자는 호주의 원주민이 '복지 의존병'을 앓고 있다고 비난하면서, 일자리를 얻기보다는 복지에 기대어 사는 것이 그들의 라이프스타일이 되었다고 공격을 퍼부었다. 결국 복지 예산을 대폭 감소하고, 생활비를 타는 데 온갖 새로운 의무 조항을 신설하였다. 돈 대신에 스마트카드를 지급하여 원주민이 무엇을 사고 소비하는지를 일일이 체크하고 통제하자는 계획도 있었다. 또한 정부 보조를 받기 위해서는 쓰레기 수집을 하거나 건강 체크를 해야 한다는 조항도 있었다. 원주민에게는 사생활도 없다는 편견을 적나라하게 드러낸 정책이었다.

이는 처음 영국인이 호주를 발견하고는 식민화할 때 강제로 원주민으로부터 땅을 뺏으면서 "원주민에게는 그들의 땅을 효율적으로 관리할 능력도 가치도 없다."라고 정당화했던 논리와 같은 맥락이다. 결국 이러한 정책은 단지 복지의 축소만을 뜻하지 않는다. 이는 원주민은 자유인이 누리는 높은 수준의 자유와 권리를 누릴 자격이 없는 존재, 즉 인간이 아니라는 선언이다. 에이즈 바이러스 감염인의 사례에서 보았듯, 이들을 더 이상 인간이 아니라 짐승으로서 취급하겠다는 선언이다.

국가가 나서서 이들을 도덕적으로 공격하는 동안 사회적 약자에 대한 공격과 혐오 범죄 역시 늘어났다. 미국과 영국 같은 서구에서 신자유주의가 가속화될수록 노숙자나 성 소수자, 이주 노동자에 대한 범죄가 증가하는 것은 우연이 아니다. 사회적 약자도 우리 사회의 구성원이고 내가 돌보고 연대해야 하는 이웃으로 보는 것이 아니라, 나를 좀먹고 등쳐 먹는 기생충으로 바라보는 일을 국가가 정당화해 주었기 때문이다. 단지 경제적 어려움 때문에 남을 공격하고 있는 것이 아니다. 혐오 범죄를 저지르는 이들의 눈에 공격받는 사회적 약자는 인간이 아니기 때문에 가능한 일이다.

2006년 미국 마이애미에서 세 명의 십대에 의해 저질러진 노숙자 구타 살인 사건이 대표적이다. 이 살인 사건을 저지른 십대는 "게으른 것들 재미삼아서 좀 패줬다."고 아무렇지도 않은 반응을 보였다. 홈리스에 대한 증오 범죄는 대부분 홈리스가 '마약에 빠져 있고 게으르고 위험하다.'는 편견 때문에 벌어지고, 죽을 때까지 구타하기, 시체 유기, 불 태우기, 강간 등 가장 참혹한 유형의 범죄이다.(《오마이뉴스》 2006년 2월 10일자)

대부분 '일상이 느슨하고 지루한' 백인 청소년이 이러한 공격을 저지른다. 인간이 아닌 존재를 때리고 죽이는 것이니 죄책감을 느낄 이유도 당연히 없다. 이들에게는 인간의 형상을 하고 인간의 말을 한다고 해서 다 인간이 아니다. 이처럼 특정한 인간을 인간이 아닌 기생충으로 바라보게 하고 그들을 그렇게 취급해도 된다고 허용하는 것은 바로 신자유주의이다.

신자유주의는 예외가 된 사람, 이 짐승에 대해서 전 지구적으로 가혹한 공격을 펼치고 있다. 신자유주의는 이들에 대한 대대적인 인종 청소 작업이며 인간 개조 사업이다. 국가는 더 이상 사회적 약자에게 밑 빠진 독에 물 붓는 식으로 복지를 제공하면서 선량한 자유인이 낸 피 같은 세금을 낭비할 수 없다. 호주에서처럼 이들에 대한 지원은 최대한 작아야 하며 복지를 제공받는 동안 사회적 약자는 국가가 요구하는 온갖 통제와 훈육을 받아야 한다.

이에 따라 전 세계에서 노숙자나 원주민, 여성과 이주 노동자에 대한 복지의 축소와 도덕적 공격이 전 방위로 펼쳐지고 있다. 누구도 이 공격을 받지 않으리라고, 나락에 떨어지지 않으리라고 장담하기는 쉽지 않다. 이것이 진정 우리가 살고 있는 신자유주의 사회의 본 모습이다.

준법질서
준법

6

국가의 반격

사회 운동의 범죄화와 끊이지 않는 전쟁

지금 지구 곳곳에서는 전쟁이 한창이다. 그러나 이 전쟁은 국가가 국민과 사회 운동을 대상으로 펼친다는 점에서 지금까지 있어 왔던 내전이나 외부의 적과 벌이는 전쟁과는 그 성격을 아주 달리하고 있다.

신자유주의 사회에서는 '기업 하기 좋은 나라'를 만들고, 기업을 유치하여 일자리를 만들기 위하여 국민을 공격하는 상황이 정당화되고 있다. 기업 하기 좋은 환경을 만들기 위해서는 온 국민이 자신의 불편과 손해 정도는 감수해야 한다. 그 손해와 불편을 감수하지 않으려는 국민은 국가의 적이며 더 나아가서는 국가와 사회의 안전을 위협하는 테러리스트이다.

미국이나 프랑스처럼 잘사는 나라이든 스리랑카나 페루처럼 못사는 나라이든, 홍콩과 같은 도시국가이든 중국과 같은 거대한 나라이든, 모든 나라는 지금 테러리즘이라는 이름으로 정부의 정책에 반대하는 모든 사회 운동에 대하여 전쟁을 선포하였다. 종족이나 인종, 종교적 이유로 전쟁이 진행 중이던 국가에게 테러와의 전쟁은 더할 나위 없이 좋은 명분이다. 더 이상 평화 협상에 대한 압력에 시달리지 않아도 되기 때문이다. 냉전의 시작과 더불어 동서로 갈라졌고, 제국주의와 더불어 남북으로 갈라졌던 전 세계의 정부가 한목소리로 혼연일체가 되어 전 지구적 공조를 하고 있는 유일한 정책이 바로 테러와의 전쟁이다.

홍콩에서는 1960년대 반식민지 투쟁 이후 단 한 차례도 없었던 집시법 위반으로 시위를 하던 정치인이 체포되어 구금되었으며, 프랑스에서도 지금까지는 없었던 정치적 양심범이 생겨났다. 이처럼 불법적인 체포와 고문, 표현의 자유에 대한 탄압, 엄청난 벌금의 부과, 집시법 등 기본권에 대한 개악, 경찰의 군사화, 정보기관에 의한 조직 사건 등이 전 지구적으로 광범위하게 퍼지고 있다.

이것은 신자유주의의 세계화와 함께 동시적으로 진행 중이며 지금도 계속해서 확산되고만 있는 사회 운동에 대한 범죄화 혹은 저항에 대한 범죄화이다. 덕분에 민주주의와 인권은 최소한 10여 년 전으로, 길게는 냉전 시대 이전으로 완전히 후퇴하고 있다.

한국에서도 테러와의 전쟁은 국민의 기본권을 제약하고 생존권을 위해 저항하는 사람을 테러리스트로 몰고 있다. 2009년 1월에 용산 철거민 점거 농성에 대한 대대적인 진압 작전으로 철거민 5명이 사망한 용산 참사 사건은 그 대표적인 경우이다. 이 참사에서 가장 어처구니가 없는 것은 한국 정부의 태도이다. 한국에서 이 사건이 터지기 한 달 전 그리스에서는 시위에 참가하였던 한 이주민 청소년이 총에 맞아 숨지면서 시작된 폭발적인 대정부 시위로 정권의 존폐가 위협에 처했다. 하지만 한국에서는 오히려 경찰의 유례없는 강경 진압에 의해 희생된 농성자를 "도심 테러리스트"라고 부르며 강경 진압을 정당화하였다.

사회 운동의 범죄화, 통치의 군사화

사회 운동을 범죄화하여 테러리즘과의 싸움이라는 이름으로 탄압하는 대표적인 경우는 바로 페루이다. 페루에서는 신자유주의 정책이 본격화된 이후에 광산 개발 등의 명목으로 원주민 공동체에 대한 파괴가 심해졌다. 신자유주의 정책에 따라 외국 투자 자본의 이익을 우선 보호해야 하기 때문이다. 그렇지 않으면 투자 자본을 보호하지 못한 죄로 국가가 변상을 해야 한다. 한미 FTA에서도 대표적으로 문제가 된 조항이다.

무분별한 광산 개발로 페루 원주민 공동체는 파괴되고 자연이 오염되자 원주민은 저항을 시작하였다. 지난 1년 동안 원주민의 저항은 2배로 늘어났으며 그 이유 가운데 47%는 생태적 이유였다. 마하스 지방의 경우, 중국계 회사의 이익을 방어하고자 정부가 나섰다. 정부의 탄압은 무자비하였다. 살인과 고문은 물론, 법을 개정하여 저항을 이끄는 공동체의 대표를 25년간 징역에 처했다. 있지도 않은 조직을 조작하여 공동체 지도자를 테러리스트로 만들어 공격하였다. 이들의 저항을 호의적으로 보도하던 라디오 방송국은 폐쇄되었다. 수백 명이 한꺼번에 고소를 당하고, 테러리스트로 지목된 이들은 미국이 관타나모 수용소에 가둔 아프간 포로들처럼 얼굴에 비닐봉지를 씌워 쓰레기처럼 쌓아 놓기도 했다.

다른 마을에서는 개발에 반대하는 단체를 이끌던 가톨릭 사제를 고발하도록 마을 주민을 협박하였다. 또 다른 곳에서는 개발에 반대하던 시장을 테러리스트로 고발하여 관직에서 쫓아내기도 하였으며, 공동체 회의를 통하여 개발 계획에 반대한 지역의 마을 지도자 전원을 테러리스트로 체포하였다.

용산 참사 때 숨진 이들에게 씌운 죄목 역시 테러리스트였다. 이처럼 테러리스트는 신자유주의가 가장 사랑하는 도깨비 방망이이다. 이 모든 것이 테러와의 전쟁이라는 이름으로 자행되고 있는, 생존권 투쟁에 대한 공격이다.

2008년 2월 엘살바도르에서는 물 사유화에 반대하던 13명의 시위대가 반테러법에 의해서 기소되었다. 에티오피아에서는 인권을 내건 단체는 무조건 사업비의 90%를 국내에서 조달하도록 했다. 외국에 대한 의존과 부정부패를 막아야 한다, 외국의 내정간섭으로부터 국가를 지켜야 한다는 명분이다. 그러나 사실은 인권 운동의 씨를 없애고 사회 운동 단체의 국제 교류를 막겠다는 전략이다.

1999년 11월 WTO 각료회의를 저지하기 위해 전 세계 활동가 5만여 명이 미국 시애틀에 모인 투쟁 이후 상시화된 국제

연대에 대해, 각국의 정부는 그 영향력을 차단하기 위해 혈안이 되어 있는 상태이다. 또한 9.11 이후 미국은 이러한 경향을 더욱 심화시키고 있다. 유엔 인권이사회에서 활동을 펼치는 전미법률가협회의 한 활동가는 이러한 미국의 행태에 대해, 테러와의 전쟁이라는 이름으로 초국적 자본의 이익을 옹호하기 위해 제3세계 부패한 정권과 손잡은 일이라며 신랄하게 비판하기도 했다.

또한 이런 과정에서 벌어지는 가장 황당한 일은 바로 인권활동가가 약자의 인권을 지키는 자신의 본업이 아니라, 스스로를 방어하는 데 더 많은 시간과 노력을 기울여야 한다는 사실이다. 각종 탄압과 폭력이 벌어질 때마다 인권 운동가를 향해 날아오는 테러리스트라는 협박과 공격, 소송에 맞서야 하다 보니 본연의 인권 옹호 활동을 할 겨를이 없는 덫에 걸려든 셈이다.

위의 활동가는 가장 심각하게 우려해야 할 일로 경찰의 군사화를 지적하였다. 전 세계 곳곳에서 경찰은 치안을 책임지는 것이 아니라, 작전을 펼치고 있다. 작전을 펼쳐야 하는 지역을 포위하거나 점거하고, 그 안에서 군사작전을 펼치듯이 신속하게 속도전으로 일을 처리한다. 행정에 속하는 치안과 경찰의 영역이 국방의 영역으로 옮겨간 꼴이다. 아니 행정이 국방화되었다. 바로 한국의 용산 참사가 딱 이러한 형국이 아닌가?

이런 탄압은 단지 독재 권력의 문제가 아니라 신자유주의에 의해 필연적으로 벌어질 수밖에 없는 야만이다. 초국적 자본과 대지주, 개발업자의 이익을 보호하기 위해서는 그 어떤 사회적 타협도 시도하지 않은 채 속도전을 펼치는 것이 신자유주의 사회에서는 필연적인 결과이다.

이처럼 신자유주의는 단지 경제정책만의 문제가 아니다. 신자유주의는 통치 전반의 총체적인 변화이며, 그 귀결점은 '속도전'이라는 이름에서 나타나듯이 통치의 군사화이다. 이것은 페루나 카메룬처럼 못사는 먼 나라만의 이야기가 아니다. 촛불에서부터 시작하여 미네르바를 거쳐 용산으로 이어진, 바로 한국의 이야기이기도 하다.

물론 군사독재를 경험한 한국 국민에게 한국이 지금 민주공화국이 아니라는 말은 한국이 과거의 독재 국가로 회귀하였고, 민주화 10년의 역사를 과거로 돌렸다는 비판을 뜻한다. 그러나 신자유주의라는 관점에서 본다면 이런 주장은 일종의 착시 현상이다. 2008년을 뒤흔들었던 촛불 시위에 대한 대응부터 용산 참사까지 한국 정부가 보여 준 일련의 행보는 우리가 순수한 신자유주의로 진입했음을 보여 주는 전 지구적인 모범 사례이다.

"대한민국은 이제 민주공화국이 아니다."라는 주장에는 신자유주의 세계화 이후로 국가의 역할과 위상이 '국민'과 '민주주의'와는 상관이 없는 신자유주의 체제로 바뀌었음을 무의식적으로 반영하고 있다. 결국 이명박 정부는 독재 정권이라는 과거로의 귀환이 아니라, 보다 더 순수한 신자유주의 정권이라는 '미래로의 귀환'인 셈이다. 시장에 반대하는 모든 사회 운동을 반테러리즘이라는 이름으로 탄압하고, 그 탄압을 위해 모든 통치 수단을 군사화하는 것은 신자유주의의 전 지구적인 프로젝트이다.

정당성의 위기, 국가의 화려한 재기

이처럼 신자유주의 사회에서 국가의 역할과 위상은 국민을 시장으로부터 지키는 것이 아니라, 시장을 국민으로부터 지키는 것으로 극적으로 변해 버렸다. 이러한 변화는 필연적으로 통치의 군사화로 이어질 수밖에 없다. 그리고 이 통치의 군사화 뒤편에서 우리는 '통치의 실패'를 만날 수밖에 없다.

앞에서 살펴보았듯이 신자유주의 사회는 복지국가 때와는 달리 국민의 상당수를 비국민으로 취급하며 삶의 영역에서 추방하였다. 프랑스의 이주 노동자가 모여 살고 있는 도시 교외 지역에서는 청년 실업률이 30%가 넘는다. 폭발적인 시위가 벌어진 그리스만 하더라도 15~24세의 실업률은 21.2%에 달하고 25~34세의 실업률은 10.4%에 이른다. 이 실업률 앞에서 모든 국가는 지금 무력하기만 하다. 이러한 상황에서 국민은 통치에 실패한 국가의 정당성에 대해 의문을 제기할 수밖에 없다.

신자유주의로 전환하기 직전까지의 복지국가는 국민에게 "시장은 늘 불안하다. 너희가 시장에서 언제 퇴출되어 탈락의 나락으로 떨어질지 모른다. 그러나 나는 너희가 국민인 한에서 너희를 죽게 내버려 두지 않을 것이다. '국민'인 너희를 살게 하기 위해서 나는 너희에게 일자리와 교육, 의료와 기본적인 복지를 제공할 것이다. 대신 너희는 나에게 세금과 공권력을 바쳐야 한다."는 약속을 하였다.(에릭 홉스봄, 《폭력의 시대》) 이렇게 시장이나 삶의 여러 가지 불안 요소로부터 국민을 지켜 준다는 약속을 통해 국가는 국민으로부터 규율과 법률의 준수를 요구하는 정당성을 획득할 수 있었다.

다르게 표현하자면, "제약 없이 행사되는 시장의 힘에 의해 초래된 손실과 피해를 제한하고, 지나치게 고통스러운 재난으로부터 약자를 보호하고, 불확실한 처지의 사람을 자유 경쟁이 필연적으로 수반하는 위험으로부터 보호하겠다는 약속"으로 국가는 정당성을 획득할 수 있었다.(지그문트 바우만, 《쓰레기가 된 삶》)

여기서 한 걸음 더 나아가 국가는 국민을 훈육하고 규율하고 돌보기 위해서 수많은 장치를 학교에 도입하였다. '국민 체조'는 1970~90년대 한국의 초등학교에서 미래의 주역이 될 아이들 몸을 강제적으로 보기 좋고 건강하게 만들기 위해 보급, 시행한 것이다. 또한 당시 아이들을 가장 당황스럽게 하고 낄낄거리게 만드는 스캔들은 '채변 봉투'였다. 국민의 건강을 돌보기 위해 국가는 국민의 똥까지 신경써 주는 친절한 배려를 아끼지 않았다. 이 밖에도 신체검사, 손톱 밑의 때를 검사하던 용의 검사 등 국가는 국민을 살게 하기 위해 시시콜콜 간섭하지 않는 것이 없었다. 푸코가 간파했듯이, 근대 국민국가 시대에 국가는 "기를 쓰고 국민을 살게 하고, (여기서 탈락하면) 죽게 내버려 두는 권력"이었다.

그러나 지금은 사정이 완전히 달라졌다. 국가의 가장 주된 임무는 더 이상 국민을 돌보고 훈육하고 규율하는 일이 아니다. 국가는 시장이 원활하게 돌아가도록 법과 제도를 만들고 그것을 보호해야 한다. 국가가 국민을 위해 할 수 있는 최대한의 일은 '기업 하기 좋은 나라'를 만들어서 기업을 최대한 유치하고, 시장을 통해 일자리를 창출하는 일일 뿐, 직접적으로 일자리의 문제에 관여하는 일은 반시장적인 행위이다. 또한 과거에 국가는 시장으로부터 축출된 '잉여인간'을 국민이라는 이유로 복지 제도를 통해서 죽게 내버려 두지 않았지만, 지금은 그 '잉여인간'이 스스로 구직을 하기 위해 노력하는 한에서만 제한적으로 돌본다.

하지만 이러한 상황에 사람들은 의문을 품기 시작했다. 만일 자유 시장과 경쟁에서부터 오는 위험과 불평등함에 대해 국가가 아니라 개인이 자신의 자원을 스스로 알아서 동원해서 자기를 방어하고 해결책을 찾아야 한다면, 국가는 왜 필요하고 국민은 왜 세금을 내며 국가가 폭력을 독점하는 것에 왜 동

의해야 하는지 의문을 던질 수밖에 없다.

시장으로부터 국민을 보호하는 것이 아니라, 시장을 보호하는 것이 가장 주된 임무가 되면서 국가는 자신의 정당성의 근거를 경제적인 영역이 아니라 비경제적인 영역에서 다시 찾아야 했다. 바우만은 국가가 새로 발견한 이 영역이 "개인의 안전"이라고 주장한다. 바우만이 보기에 국가는 애써 "범죄 행위, 하층민의 반사회적 행동, 국제 테러리즘으로부터 야기되는 생명, 재산, 거주지에 대한 위협과 두려움"으로부터 개인의 안전을 지켜 주려고 한다. 경제 영역에서 '해고'된 국가가, 스스로 새로운 '일자리'를 비경제적인 영역에서 찾아낸 셈이다. 이를 통해 국가는 폭력을 재독점하여 스스로를 재무장하고 통치를 군사화할 수 있다.

이렇듯 신자유주의 국가는 스스로의 정당성을 보여 주기 위해서라도 끊임없이 전쟁을 수행하지 않을 수 없는 체제이다. 그 결과, 우리가 목도하게 된 것이 바로 온갖 종류의 전쟁이다. 범죄와의 전쟁, 마약과의 전쟁, 성매매와의 전쟁 같은 '사회적 전쟁'에서부터, 이 모든 전쟁의 원형이자 최종판인 테러와의 전쟁까지. 국가는 끊임없이 비경제적 영역에서 개인의 안전이 위협을 받고 있음을 주지시키면서, 안전을 위협하는 세력과 싸움을 벌여야 하기 때문에, 자신이 공권력을 독점해야 한다고, 자신이 존재해야 하는 이유를 국민에게 설득한다. 결국 내 삶이 위협받고 있다는 공포 속에서 국민은 자발적으로 스스로의 기본권을 국가에 반납하고 불편을 감수하게 된다. 또한 자신의 안전을 위해서 다른 사람의 인권은 상당 부분 제한되어도 무방하다고 생각한다.

전쟁을 통해서만 버티는 국가

이처럼 국가는 전쟁을 통해서만 정당성을 획득하고 버틸 수 있게 되었다. 전쟁의 문제를 국가가 아닌 개인에 대한 안전의 위협으로 느끼게 된 국민은 기꺼이 전쟁에 동의하게 되었다. 더욱 심각한 건, 테러와의 전쟁 이후에는 내전의 형태를 띤 시민전쟁조차도 사회적 전쟁으로 바뀌고 있다는 점이다. 그 결과, 지난 시기에 이룩한 평화 협상의 성과를 한순간에 무너뜨리며 모든 평화 운동과 사회 운동은 무력화되고 만다. 팔레스타인과 이스라엘의 평화 협상도, 스리랑카와 타밀 반군의 평화 협상도 한순간에 파기되었다.

스리랑카는 현재 북쪽에서 독립국가를 목적으로 하여 군사활동을 벌이고 있는 타밀 타이거 반군을 소탕하는 군사작전이 한창이다. 스리랑카 섬의 북쪽과 동쪽의 일부를 점령하고 있던 타밀 반군은 정부 쪽의 공세에 밀려 후퇴를 거듭하고 있다. 자신을 얻은 정부군은 이번 기회에 반드시 반군을 완전 소탕하겠다며, 인도주의의 위기를 우려하는 국제사회의 만류에도 공세를 강화하고 있다.

2009년 1월과 2월, 두 달 사이에 정부군의 공세가 가장 심한 지역 한군데에서만 2천여 명의 사람들이 죽고 5천여 명이 부상을 입었다. 정부군은 전쟁 지역에 있는 민간인에게 즉각 피난을 떠나라고 경고하였다. 그러나 그들은 피난을 떠날 수가 없다. 이번에는 타밀 반군이 피난을 떠나는 사람을 살해하겠다고 위협하였기 때문이다. 정부군과 반군 사이에서 오도 가도 못 하는 사람이 약 25만 명이다.

정부군은 타밀 반군이 민간인을 인간 방패로 사용하고 있다고 비난하였지만, 정부군 역시 민간인의 생명을 돌보지 않기는 매한가지라고 반군은 목소리를 높인다. 타밀 반군의 위협을 무릅쓰고 피난을 떠나면 이번에는 정부군의 가차 없는 폭격이 기다리고 있기 때문이다. 이미 올해 정부 측의 집계를 따르더라도 3만7천420명이 전선을 넘어 피난을 떠나 왔으며, 3만5천 명이 현재 피신을 떠나 정글 속에서 헤매고 있다. 이들은 국민으로 취급되지 않는다. 언제든 잠정적으로 타밀 반군에 협력할 수 있는 위험분자에 지나지 않기 때문이다. 따라서 스리랑카 정부는 피난에 성공한 이들을 난민 캠프에 수용하겠다고 발표했다.

정부는 이곳을 복지후생 마을이라고 하고 있지만 국제단체는 이 시설을 집단 수용소, 아니면 적어도 구금 시설이라고 하고 있다. 정부 측의 애초 계획에 따르면 20만 명 정도를 수용할 수 있는, 철조망으로 둘러싸인 다섯 군데 시설에서 모든 피난민을 강제로 3년까지 수용할 예정이었기 때문이다. 유엔 난민고등판무소의 강력한 항의로 정부는 수용자의 80%를 1년 안에 풀어 주겠다고 약속하였다. 평화 운동가인 국회의원이 "그들은 스리랑카 국민이다. 왜 그들을 가두어야 하는가?"라고 강력하게 항의하였지만 정부 측에서는 "우리는 지금 전쟁 중이다. 모든 이들에 대한 심문이 필요하다."라는 싸늘한 대답만이 돌아올 뿐이었다.

스리랑카에서 진행되고 있는 이 전쟁을 통해, 지금 전 세계 모든 정부가 수행하는 전쟁에는 세 가지 차원이 있음을 알 수 있다. 하나는 정부군과 반군 사이의 교전이다. 여기에서도 희생자는 가난한 사람이다. 정부군에 입대한 사람들의 다수는 먹고살 길이 없어 밥이라도 먹기 위해 들어간 가난한 청년이다. 반군의 경우에도 강제로 징집당한 어린 청년이 많다. 스리랑카뿐만 아니라 미국 역시 군대에 입대하면 시민권에 혜택을 준다는 식으로 남미에서 모병을 한다. 가난이 청년을 군대로 밀어 넣는 셈이다. 두 번째는 정부군이든 반군이든 둘 다 민간인을 대상으로 전쟁을 전개하고 있다. 두말할 필요도 없이 이 전쟁의 가장 큰 희생자는 민간인이다. 반군은 그들을 방패로 삼고, 정부군은 탈출하는 그들을 향해 폭격한다. 정부군은 탈출한 사람 전체를 집단적으로 잠재적 테러리스트, 범죄자 취급을 하며 인종 전체를 범죄화한다. 서구에서 이주민 집단이나 무슬림 전체를 잠재적 범죄자 취급하는 것과 마찬가지이다. 이야말로 가장 반근대적인 전쟁이다. 근대사회는 철저하게 개인에 기초하여 개인의 행위를 처벌하는 사회이지, 집단 전체를 범죄화하거나 잠정적으로 범죄자 취급할 수는 없다. 그런데도 테러와의 전쟁이라는 이름으로 우리는 현재 전 세계 곳곳에서 인종이든 종교이든 집단 전체를 범죄화하고 인간과 국민의 자격을 박탈하는 폭력을 목격하고 있다. 세 번째는 사회에 비판적인 언론과 비판자에 대한 전쟁이다. 지금까지 살펴보았듯이 사회 운동을 범죄화하는 전략을 통하여 대부분의 정부는 비판적인 목소리를 봉쇄한다. 이곳에서 정부에 대한 통제라는 의미에서의 민주주의는 압살당한다.

거꾸로 말하면 국가는 바로 이런 이유로 늘 전쟁을 필요로 한다. 전쟁 중이라서 모든 이를 심문하는 것이 아니라, 모든 이를 심문하기 위해서 전쟁을 수행하는 것이다. 스리랑카 정부는 타밀 반군만 토벌하는 것이 아니라 정부에 비판적인 모든 목소리와 전쟁을 선포하였다. 인권 활동가뿐만이 아니라 국회의원인 마노 가노산도 타밀 반군의 협력자로 몰렸다. 협박이 이어졌고, 테러 조사국에 의해 강제조사를 받기도 했다. 결국 그도 반강제적으로 조국을 떠나야 했다.

가장 극적인 사건은 저명한 신문 편집인인 라산따가 살해당한 사건이다. 그는 살해당하기 전에 예언처럼 자신이 만약 죽는다면 그 배후에는 정부가 있다고 사설을 써 놓았다. 이 사설이 실린 신문은 그의 사후에 발행되었고 영국의《가디언》같은 세계의 저명한 언론들이 다시 받아 적으면서 스리랑카의 전쟁이 누구를 대상으로 왜 수행되고 있는지 전 세계에 알렸다.

그러나 정부의 이런 행동은 스리랑카 일반 국민에게는 영웅적인 것으로 비춰지고 있다. 서구 제국주의에 맞서는 '사회주의적인 스리랑카 정부'라는 정치선전이 국민에게 먹히고 있기 때문이다. 이런 분위기 때문에 야당도 야당 구실을 못하고 있다. 전쟁에는 찬성한다, 다만 인권을 지켜 달라. 이 정도의 목소리밖에는 못 내고 있는 형편이다. 스리랑카에도 단호하게 전쟁에 반대하는 좌파가 존재하지만 그 존재가 너무나 미비해서 정치적 영향력이 거의 없다.

사실상 지금 이 문제를 해결할 수 있는 길은 별로 없다. 중국이나 몇몇 나라가 계속해서 스리랑카에 무기를 파는 한 전쟁은 계속될 것이다. 미국이나 서구 역시 테러와의 전쟁에 발목 잡혀 있다. 자신들이 하는 것만 테러와의 전쟁이고 남의 것은 인권 유린이라고 비판할 수는 없는 노릇이다. 경제적으로 가장 큰 압력을 행사할 수 있는 일본은 너무 많은 이해관계가 걸려 있기 때문에 위험을 감수하려고 하지 않을 테다. 한편에서는 테러와 전쟁에 지치고, 한편에서는 애국주의에 도취된 다수의 국민은 어떤 식으로든 전쟁이 빨리 끝나기를 바란다. 그러나 그 전쟁은 절대 끝나지 않을 것이다. 국가의 역할을 돌리지 않는 한, 전쟁은 계속해서 필요하기 때문이다.

Police

SERVICES OUT OF WTO!
NO TO GATS!
AGRI
CULTURE
LA VIA CAMPESINA
W
OU
OF A
AG
CULT
G KONG, DECEMBER
LA VIA CAMPESINA

7

탈락한 자들의 급진적 귀환

조류독감, 광우병, 촛불의 급진성

냉전이 붕괴되고, 신자유주의가 가속화된 지난 20년 동안 신자유주의자들은 역사의 종말을 외치며 이제 남은 것은 역사 내에서의 소소한 변화뿐이라고 주장하였다. 하지만 지금 우리는 이전에는 상상도 못했던 과격하고 급진적인 형태로 인간과 자연에 대한 공격이 격화되는 때를 살고 있다. 지구 곳곳에서 새로운 형태의 종교 전쟁과 종족 전쟁, 인종 청소와 폭동, 테러와 무차별 살인 등이 걷잡을 수 없을 정도로 번지고 있다. 다른 한편, 2008년 미국에서부터 시작된 금융 위기뿐만 아니라 식량 위기, 안보 위기, 기후 위기, 생태 위기, 사회적 갈등의 격화에서 비롯되는 사회 위기 등 인간이 상상할 수 있는 온갖 위기가 한꺼번에 터져 나오고 있다.

이 모든 것을 신자유주의에서 비롯된 것이라고 몰아갈 수는 없지만 이 모든 위기의 상당수는 위험을 관리하는 통치 방법으로서 신자유주의가 실패했기 때문이라고 할 수 있다. 지금껏 이야기했듯이 신자유주의는 단지 경제정책이 아니라 국가와 경제, 사회 전체에 대한 전망을 제시하고 그 전망을 실현시키기 위한 구체적인 여러 가지 정책의 총합, 즉 통치 방법이기 때문이다.

그러나 우리가 지금 목도하고 있듯이 신자유주의는 인간이 직면하고 있는 위기와 위험을 잘 통치하기는커녕 오히려 격화시키기만 하는 위험한 통치술이다.

근대의 과격성이 낳은 비극

인간은 본디 위험을 감수하고 살아간다. 자연재해나 질병 같은 위험은 인간의 역사에서 늘 함께해 왔기 때문에 그것이 어느 한 시대만의 고유한 문제라고 본다면 지나친 과장이다. 폼페이의 멸망은 그 당시의 자연과학 기술로는 예측하고 통제할 수 없었던 화산의 갑작스러운 폭발에 의한 결과였지, 그것이 로마 시대의 정치나 사회 체제, 도덕적 타락과는 무관하듯이 말이다. 중세에도 인간은 역병, 갑작스런 가뭄이나 홍수와 같은 자연재해에 늘 시달려 왔다. 한국에서 가장 태평성대였다고 말하는 조선 세종 때도 한 해 걸러 자연재해로 몸살을 앓았다고 기록되어 있다. 이처럼 위험은 늘 인간의 옆에 있어 왔다.

그러나 근대 이후 우리가 직면하게 된 위험은 이런 위험과는 전적으로 다른 종류이다. 인간의 자연에 대한 통제력은 근대 이후 비약적으로 발전하였다. 과거에는 수세대에 걸쳐 이루어졌던 식물의 품종 개량을 몇 년 만에 유전자 조작을 통해 한다든가, 2008년 성공적인 베이징 올림픽을 위해 인공 강우로 쨍쨍한 날씨를 만들고자 한 중국의 사례 등은 인간이 자연을 통제하는 단계를 넘어 조작하는 단계에 이르렀음을 보여준다. 근대 이후 인간이 직면하게 된 위험은 자연으로부터의 위험이 아니라 자연을 조작함으로써 발생하게 된 위험이다.

대표적인 것으로 항생제를 들 수 있다. 페니실린이 발명되기 전까지만 하더라도 세균에 감염이 되었을 때 인간이 바랄 수 있는 것은 요행수에 불과하였지만, 페니실린과 더불어 인간은 인간에 대해 가장 눈에 보이지 않는 위협이었던 세균으로부터 해방되는 듯이 보였다. 그러나 항생제의 남용은 슈퍼박테리아라고 하는 새로운 위험을 만들어 내었다. 인간은 자신만이 아니라 자연도 진화한다는 사실을, 위험에 대한 인간의 대처 방안이 진화할수록 위험 역시 진화한다는 사실을 간과했기 때문이다.

이처럼 근대에 들어서 위험은 인간의 체제 바깥에서가 아니라, 인간의 체제 안으로 들어와서 인간을 위협하고 있다. 위협에 대처하는 인간의 체제 자체가 인간에 대한 위험을 재생산하고 있는 셈이다. 독일의 사회학자 울리히 벡이 "위험 사회"라고 부르는 이러한 사회에서 가장 중요한 덕목은 "성찰성"이다. 지금 위험에 대처하는 치유책이 위험을 불러들일 수도 있음을 미리 계산하는 지혜가 필요하다. 인간의 개입에 의해서 위험이 통제되지 않고 오히려 더 가속화될 수 있기 때문이다.

따라서 위험에 대처할 때에는 과격한 치유책을 함부로 사용하지 않고, 특히 자연을 변형하는 경우에는 인간이 개입하는 방법과 속도를 조절하는 일이 아주 중요하다. 대표적인 것으로 유전자 변형 조작 식품GMO을 들 수 있다. 과학의 성과를 맹신하는 일부 신자유주의자는 인간의 역사는 늘 종자 개량을 통하여 생산량을 늘려 온 역사였기 때문에 GMO와 같은 종자 개량이 결코 문제될 수 없다고 주장한다. 그러나 이들은 속도의 문제를 간과하고 있다. 이전에는 수백 년에 걸쳐 조심스럽게 자연과의 교섭을 통하여 세대를 거듭하여 종자 개량이 이루어졌지만, 요즘에는 단 수년 만에 실험실에서 유전자를 조작하여 자연에 이식하고 있다.

물론 이런 급속한 개량에 대해 자연이나 인간의 몸이 어떻게 적응할 수 있는지에 대한 치밀한 계산은 거의 없다. 자연이나 인간이 서서히 적응하며 변화할 시간적 여유가 없다면 그것이 불러들이는 부작용은 치명적이다. 한 예로, 캐나다 밴쿠버 해양 연구소에서 개발한 슈퍼 연어를 들 수 있다. 유전자 조작을 통하여 슈퍼 연어는 자연 상태의 연어보다 1년에 15배, 2년 만에 36배까지 커졌다. 연어 양식에서 획기적인 수확 증대를 꿈꾸었지만, 슈퍼 연어는 머리 부분에 기형이 생기고 골격도 변하여 잘 헤엄치지도 못했다. 이 슈퍼 연어가 자연에 내보내졌을 때 생태계에 어떤 변화가 일어나는지를 모의 실험한 결과는 끔찍했다. 슈퍼 연어는 40세대가 지나자 모든 개체가 완전히 멸종하고 말았다.

광우병 사태, 신자유주의의 실패한 위기관리 능력

2008년 봄 한국에서도 논란의 한복판에 있었던 광우병 문제도 사실은 자연에 대한 과격한 처방에 의해 만들어진 과격한 결과일 뿐이다. 대량생산, 대량소비에 걸맞게 소의 생리를 과격하게 고치다가 사단이 벌어진 것이다. 광우병뿐만이 아니다. 한 해에 한두 번씩은 꼭 난리를 치는 조류독감 역시 마찬가지이다. 조류독감이 한 번 발생할 때마다 살처분당하는 닭과 오리 등 가금류가 수십만, 수백만 마리에 이른다. 인간에게 전염된다는 이유로 가금류 전체가 모조리 도륙당하고 있다. 또한 에이즈 바이러스나 사스의 경험으로 볼 때, 인간이 통제할 수 없는 질병이 한번 발병된다면 이전에는 상상도 할 수 없었던 재앙이 닥치리라고 많은 과학자는 경고하고 있다. 바이러스든 박테리아든, 순식간에 전 세계로 퍼질 조건을 인간 스스로가 만들었기 때문이다. 따라서 어느 곳에서든 닭 한 마리라도 조류독감에 감염되면 전 세계가 벌벌 떨 수밖에 없다.

이렇듯 닭 한 마리에 온 인류가 공포에 떨게 된 그 조건은 바로 신자유주의 세계화이다. 식량의 전 지구적 교역은 대규모로 수출하는 공장형 사육이 아니면 농장이 절대 살아남을 수 없도록 했고, 결국 닭과 오리 같은 가금류 사육 방식을 집약적인 형태로 바꾸었다. 이렇게 가금류 사육이 집단화되면 될수록 조류독감에 걸린 기러기 한 마리만 날아가도 수십만 마리의 동물은 살육당해야 한다.

그러나 바보가 아닌 다음에야, 이런 살처분만으로 조류독감이 통제되리라고 생각하는 사람은 없을 테다. 가금류는 그렇게 죽인다 하더라도 기러기나 철새는 어떻게 할 텐가? 을숙도며 모든 철새 도래지를 다 매립해서 철새들이 오도 가도 못하게 하면 통제가 될까? 천만의 말씀이다. 애초에 닭 한 마리만 감기 걸려도 주변의 모든 조류를 다 죽이도록 만들어져 있는 지금의 집단적인 생산 체계와 세계적인 유통 방식을 바꾸지 않는다면 결코 통제는 불가능하다. 참고로, 에이즈 바이러스 역시 아프리카와 인도 대륙에서 트럭 운전수의 무역로를 따라 번져 나갔다. 이것은 동네에서 키운 닭을 먹어도 되는데 쓸데없이 먼 나라에서 집단적으로 사육한 닭을 먹어야 하는, 먹을거리의 지구화된 생산-소비 순환 고리 체제가 하나로 뒤엉켜서 낳은 비극이다.

이것이 대량생산, 대량소비를 전제로 인간의 삶을 지구화한 근대화가 낳은 잘못이라면, 신자유주의는 이에 대처하는 가장 실패한 통치 방식이다. 광우병이나 조류독감, 그리고 다른 여러 가지 예에서 볼 수 있듯이 신자유주의 세계화는 위험을 관리하는 데 완전히 실패하였다. 신자유주의는 이렇게 무능력한 체제일 뿐만 아니라, 언제나 자신을 보호하기 위해 과격한 처방을 쓰며 더 과격한 결과를 낳아 스스로 위험이 되어 버린 체제이기도 하다. 성장으로 인해 벌어진 문제를 성장으로 해결하려고 한 가장 몹쓸 체제가 바로 신자유주의인 셈이다.

신자유주의는 경제개발과 그 동력인 자유무역을 내세워, 그나마 작동하던 관리 시스템인 국가기구마저도 무력화시켰다. 그렇다고 전 지구적인 협력 기구가 제대로 작동하고 있지도 않다. 자유무역에 스스로 제한을 가하거나, 그 속도를 조절하고 통제할 수 있는 자기 조절 장치가 있지도 않다. 이런 점에서 신자유주의는 윤리적으로도 인류에게 완전히 실패한 체제이다. 문제를 파악하고, 정책을 입안하고, 해결책을 실행하는 과정에서 당황하면 당황할수록 더 과격한 해결책을 도모하게 되고, 그 과격한 해결책은 더 과격한 실수를 낳고, 그 더 큰 실수는 더 과격한 저항을 불러일으킨다. 이러한 악순환이 반복되면 한 사회의 시스템은 순식간에 붕괴한다.

지난 외환위기 이후 10여 년 동안, 한국 사회는 불안과 공포의 증가 속에서 삶에 대한 안전망을 과격하게 요구하게 되었다. 삶이 불안해지고 위험해질수록 과격한 것은 급진적으로, 급진적인 것은 과격하게 삶으로 돌아온다. 삶을 파괴하는 과격한 정책은 삶의 안정에 대한 급진적인 요구를 불러일으켜, 그 귀환을 서두르게 만들고 있는 것이다. 시대가 과격할수록 사건도 단절적으로 과격하게 여기저기서 불쑥불쑥 일어난다. 그리고 그것은 한순간에 퍼져나가고 순식간에 사라진다. 이것은 일종의 급성 전염병이 발생하고 전파되었다가 사라지는 상황과 같다. 언제, 어떻게 일어나는지는 도무지 알 수 없다. 시대가 과격할수록 그 시대를 지배하는 규칙은 예측 불가능하다. 이런 과격한 것들은 때로는 황우석 사건과 같이 반동적인 국가주의의 형태로, 때로는 광우병 반대 촛불과 같은 급진적인 민주주의에 대한 요구로 나타난다.

황우석 사건, 급진적인 것의 반동적 귀환

신자유주의가 만들어낸 몰락에 대한 공포가 '우리끼리라도 살고 보자'는 집단적 광기의 형태로 나타난 것이 황우석 사건이다. 한 정치적 과학자의 거대한 기만이자 사기로 끝난 이 사건은 우리 사회가 어떤 열망에 사로잡혀 있는가를 적나라하게 보여 주었다. 그것은 대한민국이라는 절대적이고 강력한 공동체에 대한 열망이었다. 지금은 황우석 추종자 정도로 형편없이 쪼그라들었지만, 사실은 우리 국민 모두가 사로잡혔던 열망은 바로 무서울 정도로 잘나가는 대한민국에 대한 열망이었다. 망해 가는 세계에서 대한민국이 노아의 방주가 되어 주기를 바란 것이다.

그 대한민국이 자신을 보호하고 먹여 살리고 우월하게 하는 근거라고 사람들은 확신하였다. 이것은 분단국가인 한국이라는 상황을 뚫고 드디어 민족주의가 대한민국이라는 국가와 완전히 결합하여 국가를 민족화한 민족주의의 최종 완성판, '대한민국주의'의 열광적인 등장이었다. 비록 '아쉽게도' 사기로 판명이 남으로써 그 황우석판 대한민국주의는 수면 아래로 가라앉아 월드컵이나 WBC 같은 스포츠 언저리에서 맴돌고 있지만, 이 대한민국주의는 여전히 살아 있으며 언제든 정치적, 사회적 열망으로 다시 부활할 가능성을 안고 있다.

당시 대한민국이라는 절대적 가치 앞에서 다른 모든 것은 중요하지 않았다. 여성의 난자 기증 과정에서의 윤리 문제도, 논문 조작이라는 과학자로서의 윤리 문제도. 모든 근본주의가 그렇듯이 목적은 수단을 완전히 정당화하며, 수단을 문제 삼는 사람은 믿음이 부족하거나 적에게 세뇌당하고 오염된 존재로 공격받았다. 강한 대한민국이 우리 모두를 구원해 주리라고 믿어 의심치 않았다.

그러나 사실 자신의 삶이 공격당해 비참해진 사람을 강한 대한민국이 구원해 주리라는 이야기는, 모든 사이비 종교가 그렇듯이 사기에 불과하다. 강한 대한민국이 비참한 사람에게 해줄 수 있는 일은 고작 잘나가는 사람을 바라보며 대리만족이나 시켜 주는 정도이다. 오히려 그 강한 대한민국에서 양극화는 더 심해지고 빈곤은 더 심화되고, 대한민국을 외치는 자들 가운데 몇몇에게만 권력과 부가 더 집중될 것이다. 대한민국주의로 더욱 강력하게 돌아온 한국의 민족주의와 국가주의는 지금까지 그래왔듯이, 외부와 맞선다는 이름으로 내부의 차이를 봉쇄하고 억압하고 내부의 착취와 억압, 불평등 구조를 영원하게 만들 것이다. 결국 대한민국주의는 강한 대한민국이 모두를 먹여 살린다는 헛소리로 사람들의 눈을 멀게 할 뿐이다.

생각해 보자. 황우석의 사기가 성공하였다면, 조·중·동은 강한 대한민국을 만들기 위해 하향 평준화가 아니라 소수의 엘리트를 키워야 한다고 더욱 목소리를 높이고, 실제로 교육 정책으로 만들었을 것이다. 또한 세계적 경쟁력을 가진 대기업 하나가 국민 모두를 먹여 살린다는 주장으로 삼성에 대한 그 어떤 공격도 허용하지 않으면서, 재벌 개혁을 영원히 불가능하게 만들었을 것이다. 재벌에 대한 비판은 미국이나 일본 등의 사주를 받아 나라 경제를 말아먹는 매국노의 작태로 단죄되었을 것이다.

이처럼 내부에 대한 그 어떤 비판도 대한민국에 대한 도전으로 단죄되고 내부의 불평등 구조는 영원히 계속된다. 결국 대한민국주의를 통해 이득을 보는 이들은 그 불평등 구조에서 계속 혜택을 보던 조·중·동 같은 기득권 세력, 지역 엘리트뿐이다.

민족주의와 신자유주의의 결합

이것은 민족과 민족주의가 사회적 약자에게 놓는 덫의 본질이다. 민족주의란 민족이라는 강력한 중심을 건설하고 유지하고자 하는 열망이며, 그 열망의 운동이다. 따라서 필연적으로 민족과 민족주의에서 중심은 주변부에 대해 강력한 지배력을 가지고 있으며, 그 지배력을 행사하기를 열망한다. 이 과정에서 주변부는 민족과 민족주의에서 부차적인 것, 혹은 무시되어야 할 것이 될 수밖에 없다. 중심에 복종할 때만 겨우 민족일 수 있다.

이렇게 보면 사회적 약자에게 민족과 민족주의란 자기를 부정하고 파괴하는 과정이 될 수밖에 없다. 제국주의나 식민주의와 같은 공격적 민족주의뿐만 아니라 방어적 민족주의 역시 예외가 아니다. 식민주의로부터 해방을 주장하는 방어적 민족주의가 해방과 동시에 어떻게 내부를 억압하고 불평등을 영원히 계속되게 만들었으며, 사회적 약자의 족쇄가 되는 지배 이데올로기로 전락해 버렸는가는 굳이 여러 가지 사례를 들 필요조차 없다.

더 나아가 신자유주의 세계화 체제에서 민족주의는 국가 이데올로기와 결합하여 더욱더 과격화, 급진화되는 양상을 띠고 있다. 이것이 바로 요즘 전 지구적 광풍으로 몰아닥치고 있는 근본주의의 물결이다. 또한 현재 대부분의 근본주의는 신자유주의 세계화의 위협에서 자기 지역을 보호하고 수호하고자 하는 열광적 운동으로, 근대국가의 틀을 해체하고 '부족'으로 퇴행하며 재창조되는 양상까지 보이고 있다. 이때 민족주의는 사회적 약자가 자신의 비참을 정면으로 응시하지 못하게 하며 내부의 불평등 구조에 대해 입도 벙긋 못하게 한다.

인도의 불가촉천민은 이러한 상황을 잘 보여 준다. 불가촉천민은 인도의 전통적 착취 제도인 카스트 제도에서 가장 비참한 바닥을 형성하고 있다. 이들의 비참한 현실은 인도가 독립하던 초기부터 늘 문제였다. 많은 불가촉천민 해방 운동가가 나타났으며, 이들은 인도의 국교인 힌두교를 비판하였고 때로는 카스트 제도 바깥으로 스스로 뛰쳐나가기 위해서 불교로 집단 개종을 하기도 하였다.

그러나 최근 인도에서는 힌두교 민족주의가 발흥하면서 이러한 인권 운동에 찬물을 끼얹고 있다. 힌두교 민족주의는 힌두적인 것을 인도적인 것으로 찬양하며, 그것을 위협하는 모든 것에 대해 저주와 공격을 퍼붓고 있다. 이들은 세계화에 맞서기 위해서는 인도적인 것을 무조건 강력하게 지켜야 하며 그것은 신성한 일이라고 주장한다. 따라서 이들은 불가촉천민이 인권이니 민주주의를 이야기하는 것은 서양의 사상에 오염되었기 때문이며, 인도와 힌두 세계를 파괴하기 위한 서구 식민주의자의 음모에 말린 꼭두각시 놀음이라고 맹렬하게 비난한다.

그들은 인권 운동에 나선 불가촉천민에게 인도와 힌두적인 것을 존중하며 살든가, 아니면 인도를 떠나라고 요구한다. 그리고 불가촉천민 청년들을 힌두교와 인도적인 것의 수호자로 치켜세우며, 죽창을 들고 무슬림을 공격하게 부추긴다. 그럼으로써 그들의 삶이 구원되리라 격려하면서 말이다. 결국 인도의 불가촉천민은 자기 삶이 공격당하고 비참해진 이유를 정면으로 응시하지 못한 채, 자신을 짓누르는 지역의 토착 불평등 구조를 수호하는 일에 동원되어 버리고 만다.

이뿐만이 아니다. 아프리카의 짐바브웨에서는 독립 투쟁의 영웅 무가베가 독재자로 돌변하였다. 그는 인권과 민주주의를 외치는 이들을 영국 식민주의자의 노예라고 비난하며 짐바브웨를 떠나라고 요구한다. 이슬람에서는 여성의 권익을 외치는 이들을 내부의 적으로 비난하며 암살하기까지 한다. 서구의 인종차별주의는 또 어떠한가? 이들 역시 다른 인종에 대한 차별만큼이나 자기 종족 내부의 차이와 다른 목소리를 참지 못한다. 동성애자는 덜 떨어진 민족 내부의 상징이라며 동성애자를 공격하고, 장애인을 비난하고, 인권 운동가를 민족과 인종의 적대자로 규정하며 테러를 가한다. 이처럼 근본주의화한 민족주의는 가부장제나 이성애 중심주의, 배타주의처럼 민족을 구성하고 있는 전통적인 사회 · 문화 기제의 억압적이고 착취적인 측면에 대해 일체의 성찰과 비판을 허용하지 않는다.

신자유주의 세계화라는 전 지구적 불평등 구조에 도전하기 위해 민족과 민족주의에 의지하는 일은 오히려, 자신을 억압하는 지역의 불평등을 강화하는 데 힘을 보태는 꼴밖에는 안 된다. 신자유주의 세계화에 대한 사회적 약자의 도전은 지구적 수준에서의 착취와 불평등 구조뿐만 아니라, 지역적 수준에서의 착취와 불평등 구조에 대해서도 도전해야만 한다. 이를 위해 사회적 약자는 민족이라는 실패한 위안을 거부해야 한다. 대신 사회적 약자가 선택해야 하는 공동체는 바로 주변부 간의 연대인 것이다. 우리는 그 단초를 촛불 시위에서 볼 수 있었다.

촛불, 과격한 것이 민주주의를 상상하다

2008년 봄을 뜨겁게 달궜던 촛불의 오케스트라는 우리 사회가 근본적으로 불화 상태에 빠져 있음을 드러냈다. 촛불의 오케스트라는 국가에 의해 주권자로 선포된 국민에게 사실은 근본적으로 주권이 없었음을 폭로하였다. 국민의 대다수는 국민이 아니라 '아무개들'이었다. 자유민주주의에 민주주의도 자유도 없다는 허구를 드러냈다.

이 아무개들은 자신에게도 목소리와 정치적 의사가 있음을 길거리에서 드러냈다. 정치 영역에서 배제된 자신에게 정치적 능력이 있음을 아스팔트 위에서 증명하였다. 프랑스의 정치철학자인 자크 랑시에르의 말을 빌리면, 이 아무개들은 현재의 질서를 유지하는 데 지나지 않는 치안의 정치, 그 통치의 허용범위 안에 머무르기를 거부하고 민주주의의 정치를 개시한 셈이다.

랑시에르는 프랑스 대혁명 당시 단두대 위에서 목이 잘린 여성 참정권론자의 말을 인용하여 공권력에 의해 밟히는 사람이라면 이미 정치적 주체이며, 정치적 주체가 될 자격과 능력이 있다고 말한다. 여성이 정치적 권리를 주장했다는 이유만으로 가장 정치적 무대인 단두대 위에 오를 수 있다면, 이미 그 여성은 자신의 정치적 능력을 증명하였으며, 공권력은 그녀를 정치적 존재로 인정한 셈이다. 마찬가지로 아무개들이 전경의 군홧발에 밟히는 존재라면, 이들은 정치의 주체가 될 자격이 있는 사람이다. 이들에게 정치인을 믿고 기다려 달라고 말하는 것은 어리석은 일이다. 정치인과 정치가 그들에게 와야 한다.

이것이 WTO에 맞선 시애틀에서, 노동법 개악에 맞선 파리에서, 세계사회포럼의 포르투 알레그레에서, 특정 정당을 지지하지 않는 '깃발 없는 사람들'이 민주주의를 상상하고 작동시킨 방식이다. 촛불 시위가 우리 사회에 민주주의에 대하여 얼마나 풍요로운 상상력을 불어넣었는지에 대해서는 길게 말할 필요가 없을 듯하다. 촛불 시위의 하루하루가 전대미문의 새로운 상상력으로 만들어진 페스티벌이었고 그것은 신자유주의에 의한 삶의 불안이 계속되는 한 끊임없이 이어질 모습일 테니.

한 가지 흥미로운 점은 이 촛불 시위에 참가한 사람에게 강력하게 '우리'라는 공통 감각과 정치적 의식이 생겨났다는 점이다. 이것은 광주 항쟁과 1987년 민주화 투쟁의 경험이 공유되어 강렬한 감각으로 남은 것과 흡사하다. 자신이 그때 광주에 있었건 없었건, 한국에 있었건 없었건, 시위에 참석을 하였건 하지 않았건 간에 광주 항쟁과 민주화 투쟁은 한 시대가 공유한 생생한 상처이자 기억으로 살아남아 강력한 '우리' 의식을 만들었다. 이것은 세대 의식이라기보다는 일종의 시대 의식이다. 우리가 모두 그 시대를 겪었고, 그 시대에 소속되어 있으며, 그 시대를 견뎌 내었다는 의식으로, 이 공통 감각 속에서 너와 나는 구분되지 않는다. 1980년대의 민중가요를 부르는 자리에 가 보면 이 현상이 뚜렷해진다. 민중 가수가 노래를 부르기 시작하면 곧 관중이 노래를 부르고, 노래를 부르다 보면 내가 가수가 되고, 가수가 내가 되며, 내가 노래가 되고, 노래가 내가 된다.

2008년 봄의 촛불은 이에 준하는 정치적 공통 의식, '우리'에 대한 미적 감각을 만들어 냈다. 그리고 시민 기자와 인터넷 토론방 아고라, 그리고 인터넷 생중계는 이 감각을 만들어 내는 데 가장 결정적인 공헌을 했다. 물대포를 맞았던 사람, 그 장면을 인터넷 생중계로 바라보던 사람, 속보로 아고라며 각종 인터넷 카페에 퍼 나르던 사람 사이에는 마치 모두가 그 자리에서 물대포를 맞은 듯한 생생한 감각이 공유되었다. 이 감각을 통해 너의 아픔이 나의 아픔이고, 나의 아픔이 우리의 아픔이 되었다. 1987년 이후 처음으로 투쟁을 해 보는 사람 사이에, 그 투쟁을 같이 겪었다는 공통 의식과 강력한 연대 의식이 생겨났다.

이러한 공통 감각의 밑바닥에는 죽어 간 존재에 대한 추모의 마음이 담겨 있다. 광주 항쟁이 독재에 의해 죽어 간 사람에 대한 부채 의식과 추모에서 시대의 공통 감각이 되었듯이, 촛불 역시 죽어 갔고 죽어 가고 있는 것에 대한 추모와 그들에 대한 초혼제였다. 촛불은 명시적으로는 살고 싶다는 몸부림이었고 죽어 간 것에 대한 극단적 부정이었지만, 이 부정이 강하면 강할수록 죽어 간 것이 유령처럼 살고자 하는 목소리에 따라붙었다. 그리고 그것은 진혼제나 추모제의 형식으로 촛불 집회의 한쪽에 등장하였다. '미친 소 먹기 싫어'라는 구호는 인간의 탐욕에 의해 죽어간 소에 대한 진혼제가 되었으며, 미친 교육에 대한 반발은 입학시험에 의해 희생된 아이들에 대한 초혼제가 되었다.

앞에서 이야기했던, 아파트에서 뛰어내려 자살한 특목고 학생이 떨어져 죽은 자리에는 꽃다발 하나가 놓여 있었다. 어쩌면 그 꽃다발이 가장 정치적인 저항일 수 있다. 추모될 수 없는 자를 추모하는 일. 우리 모두를 실험체가 되게 하고 내 몸을 관리해야만 하는 사람으로 만드는 신자유주의, 그렇게 하지 않으면 존재할 수 없는 벌거벗은 생명으로 만드는 신자유주의의 생명 권력에 맞서, 역설적으로 신자유주의가 만들려고 했던 그 무엇도 아니라 '그저 인간'으로 죽은 자를 기억하고,

추모하는 일이야말로 가장 비타협적인 투쟁이 아닐까?

이런 점에서, 여성주의자 주디스 버틀러가 이야기하듯이 추모는 우리 시대에 가장 정치적인 행위 가운데 하나이다. 죽어간 것을 거치지 않고서는, 그들을 추모하지 않고서는 오늘 우리를 죽이고 있는 저 권력에 맞설 수가 없다. 반대로 저 권력에 맞서는 한 우리는 저 권력에 의해 희생된 것을 끊임없이 정치의 중심으로 불러들이지 않을 수 없다.

우리는 신자유주의에 맞선 추모의 정수를 인도의 여류작가이자 반세계화 운동가인 아룬다티 로이의 〈9월이여, 오라〉라는 글에서 찾아볼 수 있다. 이제 9월이면 전 세계는 미국의 압력 아래 모두 다 9.11의 희생자를 추모한다. 마치 9월에는 9.11이라는 비극적 사건 하나만 있었던 듯이 전 세계가 그들을 추모한다. 이 추모에 맞서 아룬다티 로이는 9월에 죽어 간 수많은 '추모 받지 못한 사람'을 불러내며 추모한다. 1973년 9월 11일에는 미국의 CIA의 지원에 의해 살바도르 아옌데 정권이 전복되었고 그는 죽임을 당했다. 더 거슬러 올라가면 1922년에는 영국 정부가 팔레스타인에 신탁통치를 발표하여 중동에 지금까지도 계속되는 비극의 씨앗을 뿌렸다. 1990년 9월 11일에는 부시의 아버지 부시 1세가 이라크를 상대로 전쟁을 하기로 양원 합동회의에서 밝혔다.

이처럼 아룬다티 로이는 "추모할 만한 가치"가 있다고 유일하게 여겨진 9.11 희생자에 보태어 "추모할 만한 가치가 없다고 여겨지는 자"를 나란히 추모한다. 셈하지 않는 자가 셈으로 들어오고, 셈되어서는 안 되는 자가 셈되어야 한다고 요구하는 일, 이것이 바로 민주주의이다. 민주주의는 셈되고 있는 자끼리 누가 다수이고 누가 소수인지 따져, 그 숫자에 따라 권력을 나눠 갖는 행태가 아니다.

촛불 집회에서 보았듯이 민주주의는, 셈되지 않던 사람이 "당신들의 셈법이 틀렸다!"라고 폭로하며 셈법의 전환을 요구하는 일이다. 그렇다면 지금 누가 이 민주주의를 만들어 가는가? 그것은 진짜로 이 민주주의를 믿는 사람들이다. "타는 목마름으로" 민주주의를 "그리워만 하던" 1987년의 세대가 아니라, 자신이 셈에서 빠졌다며 "대한민국은 민주공화국이다."라는 사실을 진짜로 믿으며 그것을 실체화할 것을 요구하는 촛불들 말이다.

물론 그 촛불들이 늘 성공하지는 않는다. 오히려 이런 저항은 실익이라는 측면에서 보면 늘 실패하고 패배한다. 2008년 봄의 촛불 역시 마찬가지이다. 그러나 실패에도 불구하고, 촛불에 참여한 사람은 민주주의에 대한 감각과, 배제된 주권자인 자신이 마땅히 누려야 할 존엄함에 대한 감각을 얻는다. 존엄함에 대한 감각은 인간이 존엄하다는 것과는 아주 다르다. 인간이 존엄하다는 것은 인간이 아닌 것은 존엄하지 않다는 인간 중심주의에 근거하고 있다. 이에 반해 존엄함에 대한 감각은 산 자와 죽은 자, 인간과 비인간, 국민과 비국민을 넘나든다. 살기 위한 투쟁은 언제나 죽은 자, 죽어 가는 자에 대한 초혼을 반드시 부르기 때문이다. 내가 존엄하다면, 죽어 간 존재, 죽어 가고 있는 존재의 존엄함도 부정할 수 없다.

나는 이러한 모습을 외국에서 에이즈 감염인들이 벌였던 목숨을 건 투쟁에서 많이 목격하였다. 대부분의 경우 이들의 투쟁 역시 촛불처럼 실패한다. 그렇다고 해서 이들은 결코 좌절하거나 실망하지 않는다. "우리가 이런 목숨을 건 투쟁에서 얻은 것이 무엇이냐?"라고 물으며 패배주의에 빠지지도 않는다. 오히려 에이즈 감염인들은 투쟁이 끝나고 난 뒤 흐느끼는 눈물을 감추지 못하며 이렇게 외쳤다. "나는 오늘에야 비로소 내가 존재함을, 이 사회에 내 목소리가 있음을 느꼈다. 나는 늘 목숨만 부지하는, 존재하지 않는 자였다. 그러나 이제는 그들도 알리라. 내가 존재한다는 사실을. 나는 이 싸움에서 당신들을 통해 나의 존엄함을 얻었다. 약은 못 얻었지만 더 이상 원하는 것은 없다."

2008년의 촛불이 우리 사회에서 진정 민주주의와 존엄함에 대한 감각이 발생한 사건이었다면 이것은 쉽게 꺼지지 않을 터이다. 이렇게 한 시대와 존엄함에 대해 공통으로 갖게 된 '우리'라는 의식은 쉽게 무너지지 않는다. 이 '우리'는 민주주의에 대한 새로운 상상력이자 현실적 힘으로써 현재와 단절하고 미래를 만들어 가려고 하는 이들의 강력한 에너지가 될 테니 말이다.

'우리'의 강력한 에너지는, 촛불을 만든 이들이 "우리가 국민이다!"라고 외치는 소리와, 촛불을 끄려는 이들이 "너희는 아무개이다!"라고 외치는 소리 사이의 적대가 해소되지 않는 한 결코 사그라지지 않을 것이다. 이 적대 관계는 근대 자유민주주의가 가진 근본적인 모순, 불화이지만, 그 속에서 아무개들은 자신과 처지가 비슷한 주변의 다른 아무개들에게도 눈을 돌리고, 그들에게 공감하고 연대하며 그 불화의 핵을 점점 더 포위해 나가리라. 근대가 가진 위험을 과격하게 밀어붙인 신자유주의 정책에 의해, 이 정치의 무덤에서 잠자고 있던 아무개들은 황우석 사건이라는 반동적 급진화를 거쳐, 이렇게 다시 급진적으로 민주주의를 열망하는 힘이 되어 우리 사회로 귀환하였다.

나오는 말

사유와 연대의 페다고지를 향하여

우리에게 자유는 늘 소중한 것이었다. 오랜 기간 동안 독재 정권에 맞서 온 한국의 역사에서 자유는 무엇과도 바꿀 수 없는 절체절명의 가치 그 자체였다.

그러나 이제 그 자유가 우리의 삶을 송두리째 흔들고 있다. 자유의 이름으로 시장이 모든 권력을 장악하였으며, 자본은 노동에 비해 절대 우위에 서 있다. 노동은 자본에 대한 협상력을 잃었을 뿐 아니라 아예 그 존립 근거 자체가 해체되고 있는 듯하다.

삶의 안정성은 돌이킬 수 없을 정도로 무너져 버렸다. 억압과 소외가 극복된 인간 해방의 세상은 고사하고 아이 낳고 알콩달콩 사는 소시민적인 삶조차 불가능해져 버렸다. 국가는 돈이 되지 않는 국민을 버렸다. 지구상에 존재하는 절대다수의 인간들은 시간과 공간의 피난민이 되어 부평초처럼 이리저리 떠다니는, 난민도 국민도 아닌 어중간한 삶을 살아가고 있다. 이 모든 것이 자유의 이름으로 행해진 야만이다.

자유를 상상하는 교육

자유는 우리의 적이 되어 버렸나? 그렇다면 우리는 자유에 맞서 싸워야 하는가? 아니면 신자유주의의 자유와는 전혀 다른 새롭고도 급진적인 자유를 주장하며 신자유주의의 자유에 맞서야 하는가? 자유가 우리가 버려야 하는 가치가 아니라 새롭게 탄생시켜야 할 가치라면 그 자유는 어떤 자유인가? 우리는 이 새로운 자유를 상상해 낼 힘이 있는가? 이 자유를 상상하기 위한 새로운 영감은 어디에서 찾아낼 수 있을 것인가?

이처럼 새로운 자유에 대한 많은 질문이 우리 앞에 던져져 있다. 자유에 맞선 자유. 그것을 상상해 낼 수 있는 힘과 영감에 우리의 미래가 달려 있다.

그러나 적어도 새로운 자유를 상상하는 데서 우리가 신자유주의로부터 배운 뼈아픈 교훈이 하나 있다. 그 자유는 결코 개인으로부터 출발하는 자유, 소유로부터 출발하는 자유일 수 없다는 교훈이다. 신자유주의의 자유야말로 오로지 개인의 자유, 소유에 대한 자유로부터 출발한 근대 자유 개념의 극한이기 때문이다.

모든 인간의 연대와 유대감으로부터 개인을 해방시켰다는 신자유주의의 자유는 인간과 세계의 해체, 그 야만적 폭력에 다름 아님을 우리는 지금까지 살펴보았다. 신자유주의의 자유가 소유의 자유를 극한으로 밀어붙여 인간이 자신의 신체 일부와 생명까지도 사물로 바라보며, 사고팔 수 있는 자유로 전환한 가장 잔인한 자유임을 우리는 살펴보았다.

자유가 개인의 것이 아니고 소유로부터 출발하는 것이 아니라면 그 자유는 누구의 것이며 어디로부터 출발하여야 하는가? 수많은 철학자들이 이 질문과 씨름을 하고 있다. 어떤 철학자는 자유와 권리의 출발을 '나'나 배타적인 '우리'가 아니라 '타자'로부터 시작해야 한다고 주장한다. 나와 우리로부터 출발하는 모든 사상은 근본적으로 타자를 전제하고 배제하는 데서 출발할 수밖에 없기 때문이다. 다른 철학자는 "우정과 환대"를 이야기한다. 유목민이 자신의 텐트에 찾아오는 손님을 누구든 묻지 않고 환대하듯이 우정과 환대에 기초한 사회를 상상해야 한다는 이야기이다. 또 다른 철학자는 '나'라는 존재는 다른 사람과의 상호작용 속에서 만들어지기 때문에 이미 상호적이라는 점에 주목한다. 자유는 개인이 소유하는 대상이 아니라 관계 안에서 발생하는 존재이다.

자유와 씨름하는 수많은 사상과 제안을 검토하는 것은 이 글의 범위와 나의 능력을 벗어나는 일이다. 그러나 적어도 새로운 자유를 상상하기 위해서 씨름하는 이들이 있다는 사실은 현재의 자유를 넘어설 수 있다는 가능성과 희망을 우리에게 주고 있다. 인간의 이성이 전지전능하지는 않지만, 적어도 그 이성 자체에 대해서 따지고 성찰할 수 있는 이성적 힘은 있기 때문이다. 따라서 마르크스가 말했듯이 우리는 우리가 해결할 수 있는 것만 질문한다. 새로운 자유의 가능성을 지속적으로 묻는 한 현재의 자유를 넘어설 수 있는 힘은 여전히 우리의 그 질문 안에 내재되어 있다.

이제 나는 새로운 자유를 상상하기 위해서 교육의 측면에서, 우리가 무엇을 해야 하고, 할 수 있는지 살펴보려고 한다. 이때 교육은 누군가를 계몽하고 훈육하는 의미에서의 교육이 아니다. 오히려 사람들로 하여금 지속적으로 앎을 추구하게 하고, 진리를 향해 나아가며, 새로운 것을 시작할 수 있도록 북돋우며, 질문하기를 그치지 않게 하는 교육이다. 사유하기를 두려워하지 않고 자신에게 사유하는 힘이 있음을 긍정하도록 힘을 북돋우는 그런 교육이다. 이런 점에서 교육은 그 자체로 사유이며, 활동이다.

탈식민주의 여성학자인 태혜숙은《대항지구화와 '아시아' 여성주의》의 에필로그에서 초국가적 문화 연구는 그 자체로 활동이고 교육이라고 이야기한다. 무엇보다 교육과 연구, 활동 사이에 가로질러져 있는 경계를 허물어뜨리는 일 자체가 대항지구화 운동에 유효한 초국가적 지식 능력을 함양하는 계기가 되리라는 그녀의 주장에 나는 깊이 공감한다.

나는 우리 시대에 두 가지 사유의 적이 있다고 생각한다. 하나는 교조주의이며 다른 하나는 상대주의이다. 교조주의는 사유를 두려워하는 데서 생겨난다. 황우석 사건 당시 사람들은 그의 성과에 대해 질문하고 진실을 추구하려고 하기보다는 진실이 폭로하는 결과를 두려워하여 사유하기를 거부하였다. 이것은 사회의 불화를 인정하기보다는 억압하려는 교조주의에서 전형적으로 나타나는 태도이다.

반면 상대주의는 쿨함이라는 이름으로 사유하기를 거부한다. 너도 나도 다 다르다고 선언함으로써 그와 내가 어떻게 다른지, 그리고 얼마만큼 다른지에 대해 생각하기를 포기한다. 생각하여 진리에 나아가는 일은 현실의 조화를 깨고 사회에 불화를 다시 불러들이는 무모한 짓이기 때문이다. 따라서 교조주의가 폭력적으로 보수적이라면, 상대주의 역시 딱 그만큼 패배적으로 보수적인 태도이다. 아래에서 얘기할, 2002년에 있었던 프랑스 이민 청소년들과 관련된 일련의 이야기는 이를 잘 보여 준다.

진리를 두려워하지 않게 하는 교육

2002년 프랑스 전역을 떠들썩하게 하였던 파리 근교 이민자 청소년들의 폭동은 프랑스의 시민사회 운동에도 충격으로 다가왔다. 시민사회 운동가들은 자신이 입으로만 공화주의의 가치를 높이 외쳤지, 정작 자기 사회에서 공화국이 상처받고 있다는 사실을 알고는 경악하였다. 이에 몇몇 사회 운동 단체를 중심으로 이민자 청소년에게 다가갈 수 있는 프로그램을 고안하였다. 그 가운데 하나가 '적극적인 포용 정책'이라는 이름으로 행해진 이민자 자녀에게 사회 운동 단체의 일자리를 제공하는 프로그램이었다.

말이야 그럴싸하였지만 정작 이들 이민자 자녀에게 줄 수 있는 일자리라고는 청소나 복사 같은 단순 업무뿐이었다. 게다가 이미 몸 자체가 일하는 데 길들여지지 않은 이 청소년들이 얌전하게 일을 할 리가 만무하였다. 이들의 몸 자체가 이미 프랑스라는 공화국의 바깥에 위치해 있었으니 말이다. 당연히 이들은 며칠을 견디지 못하고 일을 그만두었다. 정확하게 말하면 그만두었다기보다는 자기가 일하던 사무실에서 값어치 있는 것들을 들고 '튀었다.' 공화국의 어설프기 짝이 없는 포용 정책, 혹은 사회화 정책을 비웃은 셈이다.

이 사건이 있고 난 뒤, 내가 아는 한 단체에서는 다시 이 정책에 대해 평가하고 토론한다고 난리법석을 떨었다. 사실 나는 이 토론의 내용에 더 충격을 받았다. 이들은 누가 이런 치밀하지도 않은 정책을 내어 왔는가에 대해서 난상토론을 했는데, 결국 끝에 가서는 자신이 자신의 사회와 인간에 대해 얼마나 무지한가에 대한 반성으로 결론을 맺었다. 자신의 사회와 이민자 자녀가 근본적으로 불화 상태에 있음에도 그것을 간단히 치료할 수 있으리라고 안이하게 생각한 스스로에 대한 진심 어린 반성이었다. 사회의 바깥에 놓인 자와 사회 사이의 간극이 얼마나 깊고 넓은지에 대해 아무런 사유가 없었다고 반성했다. 또, 바깥에 놓인 인간은 몇 가지의 간단한 떡고물만으로 사회에 들어오지 않는다, 사회는 그렇게 쉽게 만들어지고 화해가 이루어지지 않는다고 이야기했다.

자신이 살고 있는 사회에 대해 이러한 진실에 도달하면서, 자기네 나라 정책의 생각 없음을 반성하고, 인간과 사회에 대한 사유를 촉구하는 그들의 모습은 큰 충격이었다. 아마 같은 일이 한국에 있었다면 자신이 처한 사회와 그 사회의 불화에 대한 생각을 끝까지 밀고 가기보다는 "역시 그들은 다루기 힘들어."라거나 "누구야, 이런 정책을 낸 인간이! 책임을 추궁해야 해."라며 간단히 넘어갔을 가능성이 크다. 그 속에는 자신과 자신이 속한 사회에 대한 반성은 없었을 테다. 하지만 그 프랑스 친구들은 자신과 자신이 속한 사회의 진실에 대해 이야기했다.

사유를 방해하는 교조주의와 상대주의의 밑바닥에는 진실

에 대한 두려움이 있다. 그 진실 가운데 하나는 우리 사회가 봉합이 불가능한 불화와 적대에 기초해 있다는 사실이다. 이 적대와 불화를 정면으로 응시하는 데 두려움을 느끼는 우리의 마음은 확실히 냉소와 공포로 가득 차 있다. 철학자 슬라보예 지젝이 포스트모던 사회를 공격하며 했던 말처럼 이 시대의 이데올로기는 냉소주의이며, 그 이데올로기가 작동하는 방식은 냉소이다. 과거의 이데올로기가 '내가 하는 것이 무엇인지를 모르고 행한다.'였다면, 현재의 이데올로기는 '내가 하는 일이 무엇인지 잘 알면서도 (냉소적으로) 행한다.'이다.

사실 요즘 같은 시대에는 자본주의가 어떻게 변화될지를 상상하기보다는, 지구가 아예 통째로 망해 버리는 모습을 상상하기가 더 쉬워 보인다. 사실이 그렇지 않은가? 지구온난화나 혜성 충돌로 지구의 생태계가 통째로 날아가는 이미지는 가득 차 있는데, 자본주의 이후에 대한 그림은 한 장도 제대로 가지고 있지 못하다. 우리 시대는 안과 밖의 경계가 사라져 버린 독특한 세상이다. 과거에 이야기하던 대안은 일종의 '체제 탈출'이었다. 그러나 지금은 탈출할 바깥이 사라지거나 안 보이는 시대가 되었다. 그러니 많은 사람이 '대안은 없다.'는 신자유주의나 시대의 이데올로기에 절망하고 삶을, 저항을, 대안을 포기한다.

그렇다면 도대체 대안은 어떻게 만나고 접할 수 있는가? 누가 영감을 주는가? 영감이 주어지지 않는 이상 사유는 지속되지 않는다. 나는 이 물음에 대한 답을 글로벌학교의 아이들과 함께 갔던 태국의 대안 공동체 산티아속에서 찾았다.

신념의 실천이 영감을 준다

나는 2006년부터 2년 동안 서울시직업체험센터인 하자센터에서 글로벌학교를 만들어 아이들과 함께 '세계화의 약자들을 찾아서' '청소년이 본 사회권'이라는 주제로 수업과 워크숍도 하고, 필리핀의 빈민마을, 태국의 난민촌, 공동체, 여러 국제연대 단체를 방문하는 현장 체험도 했다.

그 프로그램의 일환으로 아이들과 함께 방문한 태국의 불교 공동체 산티아속은 태국 국내에 9개의 마을이 있으며 1천여 명의 사람들이 '무소유와 나눔'을 실천하며 살고 있는 곳이다. 이들은 다른 모든 대안공동체가 그렇듯이 될 수 있는 한 자기네 공동체에서 사용하는 모든 것을 공동체 내에서 생태적으로 생산하고 소비한다. 그렇다고 문명의 이기를 거부하고 폐쇄적으로 살고 있지는 않다. 놀랍게도 하루 종일 방송되는 케이블 티브이 방송국과 라디오 방송국, 그리고 인쇄소를 운영하고 있다. 이런 매체를 통하여 공동체의 가치, 삶의 방식을 공동체 '밖'과 적극적으로 나누면서 배움을 개방하고 있다.

물론 나와 함께 간 아이들은 모두 하자센터나 간디학교 같은 대안학교 출신인지라 산티아속이 만들어 가는 대안에 대해

관심이 컸다. 휙휙 둘러보다 너무도 평화로운 공동체의 모습에 몇몇 아이는 성급하게도 "이곳으로 와 살고 싶다."고 말하기도 했다. 아무래도 마을과 학교, 노동이 통합되어 있으면서 외부에 의존하지 않고 자체적으로 거의 대부분의 일을 해결하는 산티아속의 모습에 강력한 인상을 받았기 때문인 듯했다. 하자센터나 간디학교 역시 빡빡한 공교육이나 도시 생활에 대한 대안으로 서로가 서로를 배려하고 돌보며 살아가는 학습 생태계로서 '마을'을 만들려고 크게 힘쓰고 있으니까 말이다. 아이들은 한국에서 늘 이야기하던, 배움이 중심이 되는 학습 생태계로서의 마을을 실제로 산티아속에서 만난 데 들떠 있었다.

산티아속에서는 공동체 전체가 농사를 지으면서 기본적인 먹고사는 문제를 해결하며, 미디어를 통해서 자신들의 삶과 가치를 적극적으로 외부에 개방한다. 공동체에 소속된 사람은 다들 농사일을 하거나 미디어와 관련된 일을 하고 있다. 공동체 안에서 어지간한 것은 다 생산하고 될 수 있는 한 그 범위 안에서 소비한다. 마을의 아이들은 학교를 통하여 이 전 과정에 하나의 구성원으로 참여하면서, 외부에 최소한으로 의존하는 생활 방식을 몸으로 익힌다. 이 점을 간파한 한 아이는 "애초에 소유에 대한 감수성을 형성하지 않을 수 있도록 하다니 매우 대단한 일"이라며 놀라워하였다.

산티아속이 굳건하게 버틸 수 있는 가장 큰 이유는 그 삶을 엄격하게 살아 내고 있는 사람들이다. 아이들이 산티아속에서 감동을 받은 데에는 역시 우리를 안내해 준 솜차이 씨의 영향이 컸다. 사실 어찌 보면 산티아속은 별로 특별할 것도 없다 생각할 수 있는데 '여기에는 뭔가가 있다.'고 느끼게 해 준 사람이 바로 솜차이 씨였다.

솜차이 씨는 태국에서 태어나 미국으로 유학을 가서 건축학을 공부하고 LA에서 성공한 건축가로서, 10여 년 동안 누릴 것 다 누리고 살다 몇 년 전에 모든 것을 정리하고 미련 없이 돌아왔다. 솜차이 씨는 LA에서 도박도 하고 머리를 치렁치렁 기르고 마리화나를 피며 거침없이 살다가, 엄격한 금욕의 규율 속에 움직이는 산티아속에서 오히려 해방감을 느낀다며 껄껄 웃었다. 이곳에서 솜차이 씨는 아이들에게 영어를 가르치는 선생이자 설거지 담당이고 외부의 손님이 오면 산티아속을 소개하는 투어 가이드이다. 산티아속이 다른 대안공동체와 비교하여 두드러지게 차이 나는 점이 있다면 솜차이 씨처럼 멋진 고수가 많다는 점이다. 이들이 아이들과 함께 노동하고 생활하며 생활 전체를 통하여 아이들을 가르친다.

어쩌면 산티아속에서의 삶은 고달플 수 있다. 나중에 한 아이는 "평온해지기 위해서 금욕적으로 사는 건데 그렇게 금욕적이면 자동적으로 평온해질까? 만약 참고 살기만 하는 것이면 전혀 평온한 삶이 아니지 않을까?"라고 물으면서, 뭐가 그들을 평온하게 하는지 물었다. 당연히 할 법한 질문이다. 솜차이 씨는 산티아속은 철저하게 개인의 선택을 존중한다고 했다. 마을에 들어오고 싶으면 들어와서 살면 된다. 대신 마을의 규칙인 불교의 5계를 지켜야 한다. 그리고 도박을 하거나 술을 마시거나 하면 마을에서 나가야 한다. 각자의 수준에 맞게 공동체와 관계를 맺으면 된다. 자발적 선택만큼이나 엄격함은 중요하다.

솜차이 씨는 "자신이 선택한 것을 엄격하게 따르려는 각오가 없다면 다른 길을 선택하면 된다."고 말했다. 살다가 도저히 적응 못하는 사람이라면 그저 물러나면 된다. 파문과는 다르다. 마을에 들어와 사는 대신에 마을 주변에 살며 마을에 가끔 와서 설교를 듣고 공동체에 봉사할 수도 있다. 만일 직업이나 다른 일 때문에 도시로 나가 살아야 한다면 케이블티브이와 여러 가지 소식지, 책을 통하여 얼마든지 산티아속 사람으로 살아갈 수 있다. 산티아속의 배움은 세상을 향해 열려 있다. 산티아속은 그 안에서 배우는 공동체이고, 그 밖에서는 가르침을 위해 존재하는 공동체이다.

산티아속을 떠나는 아이들에게 솜차이 씨는 마지막으로 "한 순간에 되는 것은 없다. 무엇이 되고 싶다면 결단을 내려야 하고, 결단을 내리면 엄격하게 그것을 수행하고 지켜야 한다."며 "너희들은 어떠한가?" 되물었다. 그리고 솜차이 씨는 산티아속 사람이 부처가 되기 위해 실천하는 일이 오로지 자신만을 위한 일은 아니라고 했다. 그는 "신념을 실천함으로써 다른 사람에게 영감을 줄 수 있다."며 그것이 배움을 나누는 실천이고 산티아속이 존재하는 이유라고 말했다. 신념의 실천이 다른 사람에게 영감을 준다는 그의 말은 아이들에게 큰 영감을 불러일으켰다.

가능성이 살아 있는 공간

"나는 글로벌학교를 시작할 때부터 활동가가 되고 싶다는 말을 많이 했다. 그런데 지금은 그 말을 쉽게 하지 않는다. 그것이 그리 쉬운 일도 아니고 함부로 이야기할 수 있는 일도 아님을 알게 되었기 때문이다. 처음 내가 가졌던 사회적 약자에 대한 이미지는 '도와줘야 할 사람'이었다. 그래서 필리핀에 처음 가서 빈민을 보면서는 아무 느낌이 나지 않았다. 내가 가진 그림이랑 하나도 안 맞았기 때문이다. 그런데 (태국의 빈민촌) 매솟에 다녀오고 나서는 생각이 완전히 바뀌었다. 지금은 할 수 있는 일을 하는 것이 최선이라고 생각한다. 내가 지금 할 수 있는 일은 버마와 관련된 시위에 시간이 나면 꼭 참석하고, 마웅저 씨가 《프레시안》에 연재를 하는데 그 글을 다듬어 주는 것 등이다. 마웅저 씨가 버마에 라디오를 보내는 일을 하려고 하시는데 그 일도 시간이 나면 도와주고 싶다."

글로벌학교에 다녀온 뒤 리타(하자센터에서는 자기가 정한 별명을 공식적으로 쓴다)가 쓴 글이다. 리타는 원래 몸을 잘 안 움직이는 아이였다. 캠프에 가서도 빨래를 하지 않고 그대로 쌓아 두기만 해서 결국은 인솔교사가 한 적도 있었다. 그런 아이가 난민촌에서 아이들을 만나고, 특히 활동가를 만나면서 비로소 몸과 마음을 움직이게 되었다. 방콕에서 버마민중항쟁 기념식에 간 리타는 마웅저 씨와 한국의 활동가에게 가져다준다며 조그만 리플릿과 전단지 하나도 꼼꼼하게 챙겼다. 거의 알아듣지 못하는 영어로 진행하는 강연회에도 난민과 관련된 일이라면 끝까지 자리를 지키고, 혼자서 짧은 영어로 포기하지 않고 질문도 하였다. 타자와의 만남, 그리고 마웅저 씨와 함께하는 파트너와의 만남을 통해 윤리적으로 성장을 하면서, 아이는 스스로의 몸을 바꾸어 낸 것이다.

윤리적으로 성장했다는 말은 그저 타자를 '인정'한다는 뜻이 아니라, 그들 속으로 나를 밀어 넣는 '몸과 마음'의 문제이다. 바우만은 우리 시대의 윤리에서 '자유, 평등, 박애'라는 근대적 윤리는 폐기되고 그 자리를 '자유, 다양성, 관용'이 차지하였다고 했다. 바우만은 특히 관용이 무관심으로 타락한 것이 우리 시대의 윤리적 위기의 핵심이라며, 그 자리를 연대로 채워야 한다고 주장한다. 관용이 고통받는 타자를 어떻게 인식하는가라는 태도의 문제라면, 연대는 자기 자신의 몸과 마음을 바꾸는 문제이다.

놀랍게도 나와 함께했던 아이들은 사회적 약자를 만나면서 누가 이야기해 주지 않았는데도 이러한 연대를 몸과 마음에

새겨 자신을 바꾸어 갔다. 타자가 나의 세계로 들어오고, 타자를 보면서 나는 더 이상 정당하지 않음을 알게 되고, 자신의 정당성을 재구축하기 위해 몸과 마음을 관용에서 연대로 바꾸어 내는 일이, 작지만 아이들에게 일어났다.

아이들이 감동을 받고 영감을 얻는 것은 현실이 아니라 그 현실 속에서 열정적으로 움직이고 있던 사람들의 활동이었다. 난민촌의 사람이나 에이즈 감염인처럼 자신보다 훨씬 더 절망적이어서 도저히 아무것도 안 하고 절망에 빠져 있으리라고 생각했던 사람이 자신보다 더 긍정적이고, 에너지 넘치게 살아가는 모습을 보면서 아이들은 삶의 희망과 활동의 가능성을 보았다. 아이들은 확실히 이 불가능할 것 같은 활동에 매료되었다. 이들을 통하여 아이들은 바로 '가능성이 살아 있음'을 만나게 되었다.

이것은 무엇보다도 중요하다. 앞에서 이야기했듯이, 우리는 가능성 자체가 도저히 생길 수 없을 듯한, 폐쇄되었다고 믿어지는 세상에서 살고 있기 때문이다. 지구가 종말을 고하는 그런 가능성만 남아 있는 사회 말이다. 가능성의 여지가 보이지 않는 곳에서 활동할 수 있는 가능성을 볼 수 있는 곳이 바로 난민촌, 에이즈 감염인 활동 단체, 산티아속 공동체였던 것이다. 아이들은 그곳에서 만난 엄격하고도 작은 실천, 하지만 삶의 전 영역을 아우르는 그 힘에 압도당했다. "신념의 엄격한 실천으로 다른 사람에게 영감을 준다."는 솜차이 씨의 말에,

그 말에 걸려 있는 솜차이 씨의 삶에 아이들은 매혹되고 압도당했다. 하지만 그 작은 공간에서 경험한 압도적인 힘은 전 지구화의 거대함마저 누르고, 아이들을 바꾸어 가고 있었다.

다 알고 있다는 착각에 맞서야 한다

하지만 신자유주의에 맞서는 우리의 현실은 어떠한가? 우리 주변에서는 영감도, 실천도, 엄격함도 거의 찾아보기 힘들다. 우리는 다 알고 있다는 착각에 빠져 있다. 이 착각은 우리를 어디로 이끌고 있는가? 우리가 싸움을 지속적으로 이어 가기 위해서는 바로 이 착각과 먼저 싸워야 한다. '그들' 빼고 '우리'는 대안을 이미 잘 알고 있다는 환상 말이다.

누군가의 말처럼 신자유주의에 맞서는 이들에게 "대안은 이미 충분하다."면 모든 대안을 이미 다 알고 있을 테고, 문제는 그 대안을 누가, 어떻게 현실화하는가뿐이다. 결국 이들에 따르면 문제는 오로지 '권력의 쟁취'일 뿐이다. 그렇다면 우리는 역설적으로 그 어떤 토론의 자리에 있을 필요도 없다. 그때 필요한 것은 대중을 동원할 선전선동이지, 성찰과 토론이 아니기 때문이다.

그러나 신자유주의에 맞서는 우리에게는 여전히 사유가 필요하다. 이유는 간단하다. 우리만큼이나 신자유주의를 따르는 자들도 진화하고 있기 때문이다. "아무도 돌보지 마라!"며 선택의 자유와 책임만을 강조하는 그들 말이다. 가끔 그들은 더욱 유연하고 재빠르고 과격하게, 급진적으로 진화하는 것을 망설이지 않는다. 상황이 바뀌면 그 전날까지 자신이 금과옥조처럼 여기던 것들을 한순간에 내던지는 일도 서슴지 않는다. 국가의 규제라면 자지러지고 보던 프랑스의 대통령이 규제를 이야기한다. 최근의 경제 위기 이후에 영국이나 다른 국가에서는 이미 엄청난 규모의 은행 국유화나 공적 자금 투입 등 통상적인 신자유주의에서는 상상할 수도 없었던 조치가 지난 6개월 동안 신속하고 급진적으로 추진되고 있다.

이러한 상황에서 사유가 만들어 내어야 하는 것은 정치적 선언보다 더 날카로운 질문이다. 우리보다 때로는 더 급진적으로 진화하고 있는 자본주의에 대해 뒷북을 치지 않기 위해서 "우리는 무엇을 주장하여야 하는가?"에 대한 질문을 가다듬는 일이 바로 사유가 해야 할 일이다.

예를 들어 보자. 초국적 기업은 한 푼이라도 세금을 덜 내기 위해 기업에 대한 세금이 거의 없거나 아예 없는 네덜란드나 중남미의 카리브 해 국가들에 '종이 회사'를 차려놓고 그곳에 세금을 내겠다고 등록하여 탈세를 한다. 이러한 사태에 대해 신자유주의 반대 진영에서는 세금 도피를 막기 위해 자금의 흐름이 투명해져야 한다고 주장할 수 있다. 그것이 투기 자본을 막을 수 있는 한 방법이라고 상상할 수 있다.

그러나 이 세금 도피처에 대한 투명성 요구는 이미 미국에 의해서 강력하게 추진되었다. 9.11 테러 이후에 검은 돈이 테러리스트의 수중에 들어가는 것을 감시하고 막기 위해 카리브해의 세금 천국들에서 벌어지는 세금 세탁에 대한 투명성을 높이는 정책이 미국과 이들 국가 사이에 체결되었다고 한다.

이처럼 투명성을 높이는 일은 오히려 테러와의 전쟁을 강화하는 수단이 되고 있다. 어느새 투명성은 저들의 무기로 전환되었다. 우리가 생각하는 것보다 더 급진적인 정책이 이미 그들에 의해 소개되고 있다. 상황이 이렇다면 우리는 어떤 급진화를 이루어야 하는지 스스로에게 되물어야 한다.

지난 20년 동안 세계사회포럼을 비롯한 온갖 회의와 대회에서 구체적인 대안을 제시하였다고 하지만, 그 구체적인 모습은 여전히 어디에서도 찾아보기 힘들다. 지금 우리에게 대안은 충분하지 않다. 우리가 대안을 잘 알고 있지도 않다. 그 대안을 만들기 위한 우리의 싸움도 충분하지 않다.

우리에게는 텅 비고 허점투성이인 대안, 언제든 자본과 지배자에 의해 역으로 더 급진적으로 이용되기 일쑤인 이 대안을 더 날카롭고 치밀하게 만들기 위한 더 많은 질문들, 이 질문들을 만들어 내는 협력적인 사유가 필요하다.(이 허점투성이 대안의 사례는 바이오연료와 유기농에 대해서 마우스 한 번만 딸깍 해도 차고 넘치게 찾아볼 수 있다.)

세계의 변혁과는 무관한, 그저 세계를 해석하는 그런 사유가 아니다. 그것은 현실에 머무르지 않으려는 치열한 급진화의 운동이다. 그것은 개인의 사변과 이념으로 고립되지 않고 세상으로 나오려는 치열한 협력적 운동이다. 이를 통해 '싸우는 우리'가 만들어진다. 그들보다 더 급진적이 되고 치밀해지기 위해 사유의 운동을 포기하지 않는 것, 오로지 이 협력적 운동만이 세계를 바꿀 수 있다. 이 사유의 운동만이 이념을 이념의 자리에만 남겨두지 않고, 무게가 느껴질 수 있는 우리의 역사로 만들 수 있다.

교조주의와 상대주의, 냉소주의와 패배주의를 넘어서는 사유는, 태국 에이즈 감염인 단체와 같은 주변부 삶에서 발생하고 있는 활기, 솜차이 씨가 이야기한 엄격한 실천으로부터 나온다. 이러한 활기와 실천은 삶을 대화로 이끌어 내는 매혹이다. 나를 이끌어 그들을 바라보게 하고 그 안에 희망과 대안이 있음을 들여다보게 하는 힘이 바로 소통의 힘이며, 그 소통의 힘을 통해서 나를 넘어서는 사유가 시작된다. 우리는 이 사유를 중단해서는 안 된다.

사유가 중단되는 시점은 바로 황우석 사건과 같은 대중 파시즘 혹은 배타적 민족주의, 국가주의가 시작되는 순간이며, 사유가 시작되는 시점이 바로 우리 사회의 불화와 적대에 민주주의로 맞서는 촉발점이다.

다음에 소개할 아도르노의 말은 우리에게 부족한 것은 실천이 아니라 실천을 가능하게 하는 사유임을 분명히 하고 있다. 사유가 가진 힘은 우리가 생각하는 것 이상으로 강렬하다. 지금까지 보아 왔듯이 사유는 존재를 돌이킬 수 없는 상태로 바꾸어 내기 때문이다. 한 티베트 시인의 말처럼 태양을 한번 본 자는 눈이 멀겠지만, 그렇게 보지 않는 이상 태양은 그저 꿈꿀 수밖에 없는 대상이다.

아도르노는 이야기했다.

"나로서는 '무엇을 할 것인가?'라는 질문에 '모르겠다.'라는 말만이 진실한 답변인 경우가 매우 많다. 나는 있는 것을 엄격하게 분석하려고 노력할 수 있을 뿐이다. 이 점에서 사람들은 나를 책망한다. 당신이 비판을 하는 사람이라면 어떻게 더 낫게 만들지 말해 줄 의무도 있지 않냐고. 내 생각에 이것은 논란의 여지없이 부르조아적 편견이다. 역사에서는 순수하게 이론적인 목표만을 추구한 작업이 의식을 바꾸고 그럼으로써 사회적 현실까지 바꾼 사례가 아주 많다."(《지젝이 만난 레닌》에서 아도르노의 말을 재인용)

작업 노트

신자유주의를 조금 더 깊고 다양하게 보고자 하는 이들을 위하여

신자유주의를 공부하고 이 책을 쓰는 동안 많은 학자와 언론인의 글에서 도움을 받았다. 신자유주의의 통치 방식으로서 '예외'라든가 '애도'가 현대 정치에서 어떠한 의미인지, 노동은 어떻게 금융 자본주의에서 축소되고, 공포가 어떻게 통치술의 전면에 등장하였는지 등은 신자유주의를 공부하는 동안 배운 개념들이다. 이러한 도움을 본문에서 일일이 다 설명하면 지루한 글이 되리라 생각하여, 개념에 대한 소개나 보다 더 자세한 이론적 논의는 작업노트의 형식으로 책의 뒤에 갈무리하기로 했다. 본문을 읽으면서 신자유주의를 바라보고 분석하는 이런 개념들이 어디로부터 나왔는지 궁금한 이들을 위해 출처에서부터 간단한 맥락까지 소개하는 것이 이 작업노트의 목적이고, 작게나마 도움이 되기를 바라는 마음이다.

0. 신자유주의를 맞닥뜨리기 전에

예외라는 통치 기술

신자유주의가 통치 기술로 어떻게 '예외'를 활용하는지에 대한 이야기는 미국의 인류학자 아이와 옹이 쓴《예외로서의 신자유주의》에서 개념을 빌려와 풀었다. 옹에 따르면 신자유주의 통치의 핵심은 "예외를 통한 통치"이다. 이때 신자유주는 주권과 시민권의 영역을 주요 타깃으로 삼는다.

근대국가는 기본적으로 자국의 영토 안에서 국민으로 인정된 사람들은 모두 다 동등하게 대하겠다는 것을 자기 정당성의 근거로 삼았다. 이 영토 안에는 국민으로부터 위임되어 공공적 역할을 수행하는 사람과 사적인 이해관계를 추구하는 사람, 두 종류의 인간이 있을 뿐이다. 돈이 많고 적고, 경제에 많은 기여를 하고 안 하고가 시민으로서의 권리에 어떤 영향을 끼치지는 않는다.

그런데 신자유주의는 경제적 이해관계에 따라 치밀한 계산을 하여, 주권과 시민권 영역에 예외를 설정한다. '기업하기 좋은 환경'을 위해 중국의 경제특구, 한국의 경제자유구역처럼 자국의 영토 안에 주권의 영역을 넘어서는 광범위한 자율권을 보장하는 지역을 마련하기도 한다. 이런 구역 안에서는 통상적으로 적용되는 노동법이나 집회 및 시위에 관한 법률과 같은 국민의 기본적인 권리가 작동하지 않고, 국가의 기본적인 임무인 치안과 복지도 상당 부분 기업의 손에 넘어가 있는 경우가 많다. 이런 예외를 통해 주권과 시민권은 보편적인 권리가 아니라, 다양한 수준의 권리로 나누어진다.

경제적 위기와 압박감 속에서 "미국의 시민권은 영토화"되는 반면, "중산층의 직업은 탈영토화"되고 있어서 보수주의가 득세한다는 옹의 지적은 흥미롭다. 신자유주의 세계화가 진행될수록 이주 노동에 대한 경계가 점점 더 심해지면서, 미국 시민이 되기는 점점 더 어려워지고 있다. 시민권의 국가주의화, 민족주의화가 점점 더 심해지고 있는 셈이다. 반면 아이러니컬하게도 중산층이 시민권의 국가주의화를 통해 지키려고 하는 일자리는 아웃소싱이나 공장의 재배치 re-location를 통하여 탈영토화하고 있다. 일자리의 위기는 경제를 탈규제화하여 벌어졌는데, 미국 중산층은 다른 '인간'을 통제하여 자기 자리를 지키려 한다. 하지만 이렇게 배타적이고 보수적인 민족주의, 국가주의로는 정작 일자리 문제의 원인인, 신자유주의와 국가의 합작품 탈규제화 • 탈영토화를 막을 수 없다. 이것이 민족주의가 신자유주의에 대한 대안이 될 수 없는 가장 큰 이유이다.

신자유주의의 역사

신자유주의의 기원과 전개 과정을 가장 잘 정리한 책으로는 데이비드 하비의 《신자유주의 - 간략한 역사》를 들 수 있다. 하비는 신자유주의의 결과에 대해 도덕적 비판을 가하는 데 그치지 않고,

신자유주의가 하나의 지배 이데올로기로 등장하게 된 과정을 제 2차 세계대전 이후의 사회 · 경제 · 문화적 변화의 측면에서 간략하면서도 역동적으로 그려 내고 있다.

하비는 신자유주의 이전의 자유주의에서는 시장이나 경제가 사회, 문화, 정치로부터 분리되어 독립적이지 않았다고 보면서, 케인스주의(혹은 개입주의)를 "배태된 자유주의embedded liberalism"라고 부른다. 그리고 이 배태된 자유주의가 어떻게 1970년대에 와서 경제적으로 위기에 처하게 되었는지, 경제적 위기가 68혁명 이후 자유주의적 문화, 사회적 분위기와 결합하여 신자유주의에 대한 헤게모니적 동의로 이어졌는지 잘 설명하고 있다.

이 책은 신자유주의를 잘 통합된 하나의 체계화된 이데올로기로 보지 않는다. 신자유주의는 일군의 자유주의자들(이념적, 학문적 서클)이 케인스주의 같은 개입주의에 반발하면서 시작하여, 시카고 대학을 중심으로 점차 학계에서부터 그 영향력을 확대했다. 그러고는 미국과 제3세계의 경제정책을 펼치는 관료 집단과 국제통화기금, 세계은행, 월스트리트를 중심으로 한 금융 엘리트를 장악하였다. 그 결과 "우리 모두는 케인스주의자이다."라는 선언은 불과 10년 만에 "우리 모두는 신자유주의자이다."라는 선언으로 뒤바뀌게 되었다.

이 과정에서 신자유주의는 각각의 사정에 맞게 불균등하게 다른 이데올로기와 접합하면서 지배 이데올로기가 되어 갔다. 신자유주의 정책을 국가적으로 가장 먼저 펼친 나라는 아옌데 정권을 무너뜨리고 집권한, '자유'와는 가장 거리가 먼 칠레의 피노체트 군사독재 정권이다. 신자유주의는 미국에서는 기독교 근본주의와 결합하여 신보수주의로 전환하였으며, 중국에서는 국가사회주의와도 결합하였다. 이렇듯 신자유주의는 오로지 시장의 이익만을 추구하며, 그 이익을 방어하기 위해서는 정치적, 사회적, 문화적으로 가장 반자유주의적인 체제와도 아주 쉽게 융합되었다. 앞으로 이야기할 신자유주의 사회에서 통치의 군사화가 가능한 이유도 바로 여기에 있고, 하비 역시 이에 대해 이야기하고 있다.

하비는 신자유주의를 기본적으로 계급 지배를 공고히 하기 위한 프로그램으로 이해한다. 하비가 탁월하게 분석하고 있듯이, 신자유주의는 케인스주의식 자본축적의 위기를 돌파하고 성장을 이루었다는 그들의 주장과는 달리 오로지 부자의 지배를 더욱 공고히 하는 데만 성공한 체제이다. 실제로 신자유주의의 전 지구화 이후에 세계경제의 성장률은 오히려 하락하였고, 다만 가진 자와 못 가진 자, 가진 나라와 못 가진 나라 사이의 차이만 엄청나게 벌어졌다. 한마디로 신자유주의는 못 가진 쪽에서 가진 쪽으로 소득을 이전하는 프로그램이다. 하비는 이것을 "탈취에 의한 축적"이라고 표현한다.

마지막으로 하비는 신자유주의가 유일무이한 대안적 경제정책이 아님을 실증적으로 비판한다. 실제로 노르웨이나 스웨덴과 같은 복지국가는 시간이 지날수록 덜 신자유주의화되고 있다. 이것은 신자유주의화가 필연적이라기보다는, 그 사회 노동계급이 어느 정도의 힘을 가지고 있는가에 따라 신자유주의화의 경향성이 달라졌음을 뜻한다.

신자유주의의 금융자본주의적 측면에 대해서 한국의 학자들이 쓴 《현대자본주의 분석》은 학문적이면서도 쉽게 읽을 만하다. 이들에 따르면 신자유주의는 금융 우위의 세계 질서이며 자본의 자유화와 자본시장의 발달로 나타난 금융 세계화, 시장 근본주의를 특징으로 하는 새로운 축적 체제이다. 1970년대 이후로 금융거래의 유동성을 제약하는 각종 규제가 철폐됨으로써 산업자본에 종속되어 있던 금융자본은 독립하여 자율성을 추구할 수 있게 되었고, 급기야는 모든 경제 전반을 지배하는 막강한 힘을 가지게 되었다.

이렇게 금융이 주도하는 축적 체제의 특징은 불안정성, 불평등성, 지속불가능성이다. 시장경제는 원래 불안정한데 금융자본주의는 이것을 안정화하기는커녕 제도적 불확실성을 더욱 심화시켰다. 이런 불확실성의 세계에서 금융거래자는 모방과 투기 행태를 강화하고 이것이 거품의 형성과 폭발을 반복적으로 나타나게 한다고 저자들은 주장한다.

또 이 책에서 이야기하는 "사회적 비용의 외부화"라는 개념은 주목할 만하다. 간단히 말해서, 노동자의 힘이 강력하다면 자본가가 감당해야 하는 비용(자본가가 경제 활동의 안정과 지속을 위해 지불해야 하는 사회적 비용)을 힘이 약한 다른 파트너나 사회적 공동체 전체가 책임지거나, 아예 노동자가 책임을 진다는 뜻이다. 이는 노동자가 자기 관리라는 이름으로 모든 부담을 떠맡는다는 내용과도 관련되어 있다.

1. 신자유주의 사회에서 교육, 아파트, 주부, 아이들

아파트의 발전사

한국에서 아이의 미래는 어느 지역의 어느 아파트에 살고 있는가에 달려 있다. 아파트는 그 아이가 누구와 경쟁하며, 어떤 교육을 받고, 어떤 대학에 진학할지 상당 부분을 결정한다. 주거와 교육이 서로 맞물리면서 아파트는 시세로 표시되는 단순한 부동산의 가치를 넘어선다. 학력 자본이며, 사회 자본이며, 문화 자본이다. 아파트는 그 주변에 사교육이 몰려 있고, 같은 신분끼리만 사귀고 교제하며 사회적 네트워크를 형성하고, 같은 헬스클럽과 문화센터를 다니며 교양을 쌓는 그들만의 성채이다.

발레리 줄레조의 《아파트 공화국》은 프랑스 같은 서구에서는 도시 하층민들의 주거지인 아파트가 한국에서는 어떻게 해서 신분의 상징이며 신분 상승의 도구가 되었는지에 대해 탁월한 분석을 하고 있다. 저자에 따르면 애초에 한국의 중산층에게도 아파트는 선호할 만한 주거 형태가 아니었다. 아파트는 "서민을 대상으로 하는 작은 평수의 주택"에 불과하였다. 게다가 1970년 와우아파트 붕괴는 아파트가 위험하다는 인식까지 심어 주었다. 아파트는 한국인의 전통적인 생활양식과 맞지 않고, 집만 소유할 수 있지 땅에 대한 지분이 적어 땅의 소유를 중요시하는 인식과도 어긋난다는 점에서 중산층에게 외면당했다는 분석이 일반적이었다.

그러나 1970년대의 강남 개발로 시작된 초대형 아파트 단지는 처음부터 중산층과 부유층을 겨냥하였고 1980년대 규제 완화와 부동산 투기, 1990년대 신도시 개발을 통하여 한국을 완전히 장악하였다. 서구에서 국민주택이나 공공주택이 "부의 이전 및 재분배를 도모"하려는 "연대 의식"에 기초했다면, 한국의 아파트는 이런 과정을 거치면서 이와는 아주 거리가 먼 "지불 능력이 있는" 중산층의 성채, 부유층의 투기의 대상이 되었다.

이것은 "장기임대주택은 거의 없고 주택 매매"를 부추기는 정책만 펼친 정부의 전략 때문이다. 정부는 부유층이 더 좋은 최신 주택으로 이주를 하면 하위 계층은 부유층이 남기고 간 주택을 저렴한 비용으로 얻을 수 있다는 논리를 폈다. 그러나 실제로는 "소형 아파트를 희생시켜 대형 아파트를 건설"하여 "하위 계층을 주변 지역으로 몰아내고 상위 계층이 도심을 차지하는" 결과를 가져왔을 뿐이라고 줄레조는 비판하고 있다. 이것은 "강력한 권위주의 정부가 재벌과 손을 잡고 급격한 성장을 추구"한 결과이다.

그 결과, 한국에서 아파트는 신분이 되었으며, 가장 강력한 재산 증식의 수단이며, 자식의 미래를 보장해 주는 학력 자본을 축적할 수 있는 가장 안전한 공간이 되었다. 두말할 필요도 없이 한국에서는 강남 8학군에 가장 비싼 아파트가, 그 주변에는 가장 "좋은" 사교육 시설이 몰려 있다. 강남 대치동 학원가나 양천구의 목동이 대표적이다.

비싼 아파트는 "양질의" 사교육을 결집시키고, 그 사교육이 다시 아파트 가격을 상승시킨다. 이 구조는 순환한다. 강북에서는 과외비가 한 달에 30~40만 원 정도인데 비해, 강남 8학군에서는

100만 원을 넘기는 경우도 많다. 주거의 양극화가 교육의 양극화로, 마침내는 미래 세대 전체의 양극화로 이어지고 있다.

양극화와 교육적 실패

신자유주의가 아이들을 어떻게 양극화로 몰아넣었으며, "정치적으로 성공한" 듯 보이지만 "교육적으로는 실패"하였는지는 《위기의 학교》에서 닉 데이비스가 촘촘하게 살펴본 영국의 사례가 가장 잘 보여 준다. 교육은 영국 정부가 경쟁력 강화라는 이름으로 신자유주의화를 가장 확실하게 밀어붙인 영역이다. 영국의 신자유주의 교육개혁은 마거릿 대처 정부(보수당)에서 시작하였지만, 역설적이게도(혹은 너무나 당연하게도) 블레어 정부(노동당)에서 절정에 이르렀다.

정치적으로는 대립하지만 정책적으로는 쌍둥이에 불과한 이 두 "신자유주의 정부"는 "학업 성적이 떨어지는 취약한 학교"를 개혁하기 위해 수많은 정책을 쏟아 내었다. 특별 장학 기준을 도입하여 "무능 교사"를 쫓아내고 "되는 학교"를 확실하게 밀어 주고, 학부모에게 학교 선택권을 부여하고, 학교 책임 경영제를 도입하는 등 강력한 신자유주의 정책을 펼쳤다. 그 결과는 참혹했다.

잘나가는 사립학교와 못 나가는 공립학교 사이의 격차는 더욱 벌어졌다. 그 격차가 벌어지는 만큼 교육재정은 더욱더 잘나가는 학교로만 몰리게 되었고, 가뜩이나 소외되어 있는 빈곤 지역의 공립학교는 점점 더 열악한 상태로 내몰렸다. 그 모든 비난은 공립학교의 "무능한" 교사가 감당해야 했다.

학업 성적이 떨어지는 학교를 개혁하겠다는 교육개혁은 오히려 그 학교를 점점 더 나락으로 떨어뜨렸고, 빈곤 지역의 공립학교에서는 무단결석이나 퇴학이 늘어나고, 교사의 스트레스는 점점 더 악화되었다. 성취도와 연결된 재정적 부담, 정부의 압력 때문에 몇몇 학교에서는 학생을 솎아 내기도 했다. 학습부진아의 입학을 거부하거나 시험 성적이 나쁠 것 같은 학생을 골라내기도 했다. 교사가 대신 학생의 에세이를 일괄적으로 써 주기도 했다. 한국에서 일제고사 성적을 조작하기 위해 운동부 학생을 시험에서 빼 버리거나 성적이 나쁜 아이를 고의로 탈락시키는 행태와 같은 맥락이다.

반면 잘나가는 사립학교는 승승장구했다. 이유는 간단하다. 애초부터 이들은 우수한 학생을 독점한다. 한국의 최상위 대학이 우수한 교육과정을 개발하기보다 우수한 학생을 선발하는 데 더 혈안이 된 것과 마찬가지이다. 일단 우수한 학생을 선발하기만 하면 누워서 떡 먹는 셈이다. 또한 사립학교는 더 많은 돈과 자율성을 가지고 있다. 교육 당국이 공립학교의 재정 지원을 줄이면서 사사건건 간섭하는 것과는 정반대이다.

신자유주의 정부에서 문제는 더욱 심각해졌다. 대처 정부는 구조 조정이라는 이름으로 공립학교에서 교사들을 해고하고 신규 교사의 숫자를 줄여 왔다. 같은 기간 사립학교에서는 지속적으로 신규 교사를 임용하여 한 교사가 담당해야 하는 학생 숫자는 공립학교의 절반이 되었다. 또한 공립학교에 대한 정부 지원을 줄이는 대신, 세금을 면제하고 각양각종의 보조금은 늘리는 등 사립학교에 대한 혜택은 늘려 왔다.

신노동당 정부가 등장하면서 사립학교에 대한 공식적인 혜택은 줄어들었지만 사정은 나아지지 않았다. 오히려 교육의 신자유주의화는 더욱 가속화되었다. 재정적인 압박에 몰린 사립학교 간의 경쟁이 치열해지면서 사립학교는 더욱 공격적인 마케팅 정책을 펼쳤고, 학부모를 통한 모금 등에 열을 올렸다. 이 경쟁에서 누가 더 많은 돈을 모금하게 되는가는 자명하다. 한국에서도 모금 성과에서 늘 압도적 우위를 차지하며 모금액을 독점하다시피 하는 대학은 소위 SKY서울대, 고대, 연대와 몇몇 상위 대학이다.

또한 기업은 후원이라는 이름으로 학교에 침투하여 자기 회사를 광고하고 있다. 그 가운데 가장 끔찍한 경우는 영국 원자력자원공사의 사례이다. 이 회사는《에너지와 환경》이라는 책자를 만들어 배포하였는데, 그 안에는 체르노빌 참사를 언급하면서 "사고는 늘 일어난다."고 기술하고 있다.

학교의 학업 성취도는 어떤 학생을 받아들이는가에서 주로 결정되고, 빈곤은 학업 성취도에 결정적인 영향을 끼친다. 따라서 빈곤층에게는 보다 더 많은 교육적 배려와 지원이 필요하다.

그러나 신자유주의 교육정책은 중산층 아이와 빈곤층 아이의 교육 여건이 질적으로 얼마나 다른가를 고려하지 않고 단순 비교하여 성과를 평가한다. 그러고는 그 책임을 교육 당국이 아니라 오로지 학교와 교사에게 전가하고 차등 지원함으로써 교육 양극화를 심화시킨다. 결국 신자유주의 교육정책은 가난한 아이들에게 지원과 배려가 아니라 기만과 사기의 열매만을 가져다주었다.

신자유주의 사회에서 주부의 역할

지금까지 여성 운동의 가장 중심적인 정치적 요구 가운데 하나는 주부의 가사 노동이 갖는 사회적 가치를 인정해 달라는 것이었다. 그런데 신자유주의 체제가 도입되면서 주부는 더 이상 "솥뚜껑 운전수" 수준에 머무르지 않고 전문적 직업인으로 사회적 평가를 받게 되었다. 운동을 통해 정치적 요구가 달성된 것이 아니라, 신자유주의에 의해 체제 내로 포섭이 되어 버린 셈이다.

박혜경의 논문 〈신자유주의적 주부 주체의 담론적 구성과 한국 중산층 가족의 성격〉은 이처럼 신자유주의 사회에서 주부의 역할이 어떻게 바뀌고 있으며, 전체 페미니즘 정치와 전략을 근본적으로 어떻게 위협하고 있는지 잘 보여 준다.

신자유주의 사회에서 주부는 가정의 경영자로 평가된다. 주부는 남편의 감정 치료사이며, 자녀들의 생애 기획을 맡은 매니저이며, 가계를 책임지는 금융 관리사이다. 가족은 하나의 작은 기업처럼 경제적 이익을 추구하고 최대화하는 경영 대상이 된다. 또한, 앞에서 얘기했듯이 아이의 사회적 관계를 책임지고 관리하고 학업 전반을 이끌어간다. 이 과정에서, 중산층 가정에서 전통적으로 주부가 하던 일 가운데 청소나 식사 준비 같은 일은 파출부들에게 맡겨졌다.

신자유주의 사회에서는 가정 경영에 전념하는 신자유주의화한 "전업주부"와 가족의 생계를 책임지기 위해 전일제로 일을 하며 가사 노동까지 떠맡아야 하는 "여성 노동자"만이 있을 뿐이다. 이렇게 신자유주의 사회에서 주부는 과거에 여성 운동이 해방을 부르짖던 그 전업주부와는 완전히 성격을 달리하며 여성 운동의 위기를 구성하고 있다.

2. 노동의 변화와 잉여인간의 탄생

예외가 된 고용

우리가 살아가고 있는 시대가 복지국가 시대와는 달리 고용이 예외가 되고 실업이 원칙이 되면서 공포가 대다수 사람의 정서가 되어 버린 것을 분석한 책 가운데 지그문트 바우만의 《쓰레기가 되는 삶들》은 이 책을 쓰는 데 전반적으로 큰 영향을 미쳤다.

이 책은 "쓰레기"라는 실체이자 은유를 통해, 실제로 근대사회가 어떻게 쓰레기를 만들고 처리하는 것을 통치의 핵심으로 삼은 체제였는지 쉬운 언어로 잘 드러내고 있다.

바우만에 따르면 근대 자본주의는 언제나 잉여인간을 생산한다. 잉여인간은 산업예비군이나 노숙자의 형태일 수도 있으며, 때로는 식민지로 유형을 떠나는 죄수, 혹은 정복자와 이주 노동자의 형태일 수도 있다. 문제는 전 지구적 자본주의화의 완성으로 지구가 만원이 되면서 더 이상 이 잉여인간을 처리할 공간이 없어져 버렸다는 점이다.

또한 노동의 기계화, 전자화로 더 이상 경제 자체가 노동을 필요로 하지 않게 되었다. 일시적인 잉여인간이 아니라 영원히 쓸모없는 쓰레기로 전락해 버리고 만 것이다. 이 잉여인간은 생산과 소비의 영역 모두에서 경제적으로 아무런 효용 가치가 없어졌다.

고용과 실업이 완전히 역전된 실업 시대를 살고 있음에도 여전히 취업이 원칙인 듯한 착각에 빠져 있음을 신랄하게 드러낸 책으로는 단연 비비안느 포레스테가 쓴 《경제적 공포》를 꼽을 수 있다. 프랑스에서 《자본론》 이후 경제 분야에서 가장 많이 팔렸다는 이 책은 각주 하나 없이 자기 감정을 고스란히 드러내며 쓴, 술술 읽히는 에세이다.

포레스테는 바우만의 논의와 마찬가지로 우리가 이미 노동이 필요 없는 자본주의로 진입하였으며 다수의 노동자는 잉여인간으로 전락하였다고 단언한다. 특히 포레스테는 정치가와 소위 개혁가라는 이들이 존재하지도 않는 노동이 마치 배분 가능한 듯 떠들어 대면서, 여전히 실업 문제가 해결이 될 수 있는 문제인 양 거짓 희망을 유포하고 있는 데 초점을 맞추고 있다.

이 거짓 희망에 속아서 우리는 여전히 노동이 가능한 사람인 양, 잉여인간으로 전락하지 않은 듯 착각하고 만다. 한편에는 잉여인간이라는 현실이 있지만 다른 한편에는 노동이 가능하다는 기만이 있는 셈이다. 또, 한편에서는 지금의 "교육이 기업이 원하는 노동력을 생산하지 못한다고 비난"하고 있지만, 진실은 "바로 그 기업이 이 젊은이들을 원하지도 필요로 하지"도 않는다는 데 있다. 그런데도 우리는 "기업이 원하는 교육을 하겠다고 안달복달"하고 있다고 포레스테는 비꼬고 있다.

이 기만이 가장 끔찍한 이유는 "살아가기 위해서는 살아남기 위한 '자격'이 필요한 것"처럼 되어 버렸다는 점이다. 즉, 자신이 경제적으로 효용 가치가 있음을 끊임없이 호소하며 살아야 한다. 이 자격을 갖추기 위해서 우리는 어떤 일이든지 감수하면서 다른 좋은 일자리가 나타나기를 기다린다. 볼품없는 일자리를 두고 탈락한 자들끼리 아귀다툼을 벌여야 한다. 그러나 그 아귀다툼 속에서도 좋은 일자리는 결코 나타나지 않는다. 우리는 이미 "이용당할 기회"마저 박탈당했기 때문이다. 포레스테는 이런 상황에서 "노동의 시대"에 집착하지 말고 "노동의 부재에서부터 출발하여 새롭게 조직하는 일"에 대해 생각해 보라고 촉구하고 있다.

노동의 변화

신자유주의에 의해서 노동자가 자기 관리를 하는 자본가가 되어버린 데 대한 탁월한 이론적 분석은 서동진의 논문 〈자유의 의지, 자기 계발의 의지〉를 들 수 있다. 서동진에 따르면 신자유주의는 "자유를 동원함으로써 권력을 행사하는 새로운 정치적 합리성"이다. 이 새로운 정치적 합리성에 따라 등장한 윤리, 혹은 정치 규범이 바로 자기 계발이다. 우리는 이 자기 계발을 통해 자유를 꿈꾸고 실현한다.

인간의 시간이 노동과 여가, 공적 시간과 사적 시간으로 나뉘지 않고 24시간 늘 일하고 자기 계발하는 존재가 된 것은, 단지 경쟁이 가속화되기 때문에 벌어진 일이 아니다. 예를 들어 연봉제는 겉으로 보기에는 무한 경쟁의 산물이며 그것을 가속화시키는 임금 체계의 변화인 듯하지만, 사실은 노동자 자신의 경제적 삶을 주체화하는 방식이 극적으로 변했음을 뜻한다. 달리 말하면, 노동자가 자기 삶을 경영하는 일종의 자영업자, 경영자가 된 것이다. 우리들 모두의 시간과 공간, 관계는 이제 투자와 관리의 대상이 되었으며, 우리는 그것을 "자유"라고 부른다.

이렇게 자기 계발하는 주체가 어떻게 피곤한 삶을 살아가고 있는지에 대한 고발로서는 리처드 세넷의 《신자유주의와 인간성의 파괴》가 있다. 이 책은 청소부로 일하던 1970년대의 노동자 아버지와 잘나가는 기업에서 바쁘게 살아가는 아들의 삶을 비교하면서, 신자유주의에 의해 우리의 연대 의식, 공동체, 가족, 시간, 직업에 대한 생각, 인간의 개성 등이 어떻게 바뀌고 있는지를 에세이 형식으로 풀어 가고 있다.

세넷은 유연한 자본주의의 공격 아래 상호신뢰와 헌신성 같은 가치가 삶의 현장, 노동 현장에서 더 이상 가능하지 않음을 고발하고 있다. 이렇듯 유연한 자본주의의 첨단을 달리는 아들 세대가 가족에 대한 위기의식 등을 경험하면서 결국에는 자기 중심의 "문화적 보수주의자"가 된다는 지적은 주목할 만하다. 또한 삶은 점점 더 바빠지지만 오히려 우리가 노동하고 살아가는 방식은 점점 더 수동적이 되어 "안 걸리면 그만"이라는 식으로 도덕적 해이에 빠지게 된다. 도덕적 해이를 질타하며 복지의 축소를 주장하는 신자유주의가 아이러니하게도 노동 현장에서 사람을 도덕적 해이로 밀어 넣고 있는 셈이다.

이 책과 더불어 질 안드레스키 프레이저의 《화이트칼라의 위기》도 참조할 만하다. 화이트칼라는 버블이 꺼지기 전까지 미국 경제에서 가장 큰 수혜자인 듯 보이는데, 과연 그들의 삶은 그렇게 윤택해졌을까?

프레이저는 1990년대 이후 정보통신 분야의 기술혁신을 통해 이룬 미국의 장기호황 '신경제' 시기에, 화이트칼라가 어떻게 "인원 감축과 정리해고, 줄어드는 복지 혜택, 늘어가는 노동 시간과 점점 더 강해지는 노동 강도 등으로 심적, 육체적 고통을 겪고 있는"지, 경영자에 의한 노동 감시는 얼마나 극심해졌는지 적나라하게 묘사하고 있다.

겉으로 보기에 이들은 경제성장의 열매를 따먹은 사람인 듯 보이지만 실상은 그렇지 않다. 프레이저에 따르면 "18~25세 미혼 남녀의 경우 지난 25년 동안 평균 실질임금은 11%나 감소했고 대졸 남성의 초임은 89~97년 6.5% 하락"했지만 "같은 기간 CEO의 보수는 44.6% 상승"했다고 한다. "죽어라고 일했지만 번영의 열매는 경영진과 전문 투자자의 몫"인 셈이다. 신자유주의는 본질적으로 계급 지배를 강화한 데 불과하다는 데이비드 하비의 말이 공연한 이데올로기적 선동이 아니라 사실임을 잘 보여 주는 대목이다.

하위 계층 아이들

민가영의 논문 〈신자유주의 시대 신빈곤층 십대 여성의 주체에 대한 연구〉는 신자유주의 시대에 하위 계층 아이들이 어떻게 미래에 대한 꿈을 포기하고, 현재 자신이 가진 것 가운데 유일하게 상품 가치가 있는 몸을 팔며 살아가는지 생생하게 그리고 있다.

중산층이 학력 자본을 쌓는 학교는 기본적으로 미래를 위해 현재를 유보하는 훈육과 규율의 공간이다. 그러나 저소득층 아이는 학교에서 아무리 개겨 봤자 자신에게 돌아올 자본은 하나도 없음을 잘 알고 있다. 이미 한국에서 교육을 통해 계층이 이동될 가능성은 없어졌다. 아이들은 학교라는 공간을 거부한다.

가족 역시 마찬가지이다. 저소득층의 가족은 보살핌의 기능을 상실하였다. 오히려 그 공간에서는 양부나 주변 사람에 의해 성폭력이 빈번하게 일어나는 위험한 공간이다. 학교와 가정이라는 위험하고 따분해진 공간 대신에 아이들은 자기의 눈앞에서 그 결과가 바로바로 펼쳐지는 삶을 선호하게 된다.

학교와 가족을 떠난 아이들에게 그 역할을 대신하는 것은 친구와 언니들로 엮여진 관계망이다. 핸드폰에 저장되어 있는 끊임없이 연결되는 관계망이 이들의 세계이다. 아이들은 자신과 비슷한 처지의 친구들이 사방에 널렸음을 잘 알고 있으며, 이것이 "기존의 제도와 질서를 무시할 수 있는 잠정적 힘"으로 작동한다.

이 관계망을 통한 이들의 이동성은 상상을 초월할 정도로 넓고 확장이 가능하다. 이 관계망 속에서 누구를 어디서 어떻게 만나는가에 따라 이들의 다음 행보는 달라진다. 삶의 다음 순간은 전적으로 우연에 달려 있지만 이 아이들의 적응력 역시 대단히 높다.

이 이탈과 적응의 과정에서 다수의 아이들은 자신의 몸이 즉각적인 자본 가치가 있음을 알게 되고 그것을 돈으로 바꾸며 살아간다. 그렇게 번 돈으로 아이들은 스스로를 소비적 주체로 만들어 간다.

신자유주의에 의해 학교와 가정 밖으로 내쳐진 아이들은 이 과정을 통해 역설적으로 신자유주의의 논리를 학습하고 신자유주의적 개인으로 성장해 가고 있다. 이 아이들에게는 몸도 팔릴 만한 몸과 팔리지 않는 몸으로 나뉘며, 팔릴 수 없는 못난 몸을 가진 아이들이 겪는 고통과 차별, 배제는 그 개인의 탓이 되어 버린다. 다시 한 번 신자유주의는 자신이 버린 이들의 마음속에서도 승리를 구가하게 된다.

3. 경제 위기와 공포

공포의 시대

지그문트 바우만의 《유동하는 공포》는 우리 시대가 어떻게 공포에 지배되고 있는지 총괄적으로 보여 주고 있다. 바우만이 보기에 우리 시대는 매주 한 명의 참가자를 떨어뜨리는 리얼리티 쇼와 같다. "남에게 추방당하지 않기 위해 남을 추방해야 하는" 게임이다. 한 명을 떨어뜨린다고 정원 초과가 해소되지 않는다. 마지막 한 명만 남기 전에는 빼도 빼도 정원 초과이다. 정원 초과라는 게임의 법칙은 필연적으로 승자 독식을 낳는다. 이 게임에 참여한 사람을 지배하는 것은 자신이 탈락할지 모른다는 공포이다.

바우만은 우리를 지배하는 위험과 공포에는 세 가지가 있다고 설명한다. 하나는 "우리의 신체와 재산을 위협하는 위험"이고 다른 하나는 "우리가 기대어 살아가고 있는 사회질서의 지속 가능성과 안정성을 위협하는 위험"이다. 무엇보다 무서운 공포는 "자연적이지도 인위적이지도 않지만, 아직 이름도 없이 여기저기를 유동하며 나날이 그 숫자가 증식되고 있는 우리 시대의 위험과 공포"이다. 이 공포는 스스로 발전하고 있다. 줄기는커녕 늘어만 가는 "추가된 공포 중에서 가장 무시무시한 것은 이 두려운 상황을 피하거나 벗어나는 일이 불가능하다는 공포"이다.

이 위험과 공포의 증가는 근대의 약속이 완전히 뒤집어져 버렸음을 뜻한다. 근대는 "자연의 맹목적인 변덕스러움에 맞서 인간을 보호한다"라고 약속하였다. 근대는 "자연재해와 인간이 초래하는 재해를 엄격하게 구분"하면서, 공포에서 벗어나 공포를 통제하고 나아가 제어할 수 있다고 믿었다.

그러나 정작 우리는 불확실성이 확장되고 온 천지에 공포가 만연한 상황을 맞닥뜨리고 있다. "인간의 행동조차 불투명하고 비이성적인 것"이 되어 사회적, 도덕적 재해로 바뀌었다. 이제 천재와 인재는 다시 하나가 되어 구분할 수 없는 지경이 되었다.

미국의 뉴올리언스를 강타한 허리케인 카트리나는 자연재해가 어떻게 사회적, 도덕적 재해가 되었는가를 가장 적나라하게 보여주는 사례이다. 흔히 자연재해는 "부자와 가난한 사람을 가리지 않고 공평하게 덮친다"고 한다. 그러나 바우만은 그 자연재해야말로 얼마나 부자와 가난한 사람의 운명을 크게 갈라놓았는지를 폭로한다.

부자는 폭풍이 닥치기 전에 미리 도망갈 수 있었고, 그들의 재산은 보험을 통하여 보존될 수 있었다. 그러나 가난한 사람은 막상 떠나 어디로 간다고 하더라도 모텔비조차 낼 능력이 안 되는, 갈 곳 없는 사람이었다. 보험 따위가 있을 리가 없었다. 결국 이들은 남았다. 그 결과 이들은 재산도 잃었고, 목숨도 잃었다.

미국 연방정부와 주정부가 한 일은 자연재해에 맞서 국가가 할 수 있는 일이 무엇인지를 적나라하게 보여 주었다. 카트리나가 덮치기 전에 미국 연방정부는 뉴올리언스의 홍수 대비 시스템을 재구축하려는 예산을 마구 삭감하였다. 재난이 발생하고 난 다음에도 주정부는 방위군의 출동을 미루고 미루었다. 결국 방위군이 파견되었을 때 이들은 사람을 구하기보다는, “약탈자를 검거하고 살해를 염두에 둔 발포”를 할 뿐이었다. “전자제품을 터는 강도이든 마실 물을 구하기 위해 손을 뻗은 사람이든 가리지 않고” 총을 쏘았다.

자연재해의 희생자를 구하는 것이 아니라 “법 질서에 대한 위협을 해결”하는 것이 국가의 목적처럼 보였다고 바우만은 질타한다. 이처럼 “공포는 불균등하게 분배되어 국가의 배려를 받을 만한 목숨과 살 가치가 없는 목숨을 나누었다.” “공포에 맞서는 근대의 싸움은 공포 규모의 축소보다 공포의 사회적 배분” 쪽으로 이루어졌다.

경제 위기와 인간 내면

강수돌과 홀거 하이데가 공저한 《자본을 넘어, 노동을 넘어》는 1997년 외환위기 같은 공포 체험이 인간의 내면세계를 어떻게 바꾸는지를 보여 준다. 이들이 보기에 지금의 사회에서 노동은 소멸하고 있지 않고, 오히려 더욱 중요해지고 있다. 노동 상실에 대한 공포 속에서 노동에 대한 중독을 기초로 하는 사회가 되었다.

강수돌은 “일자리를 잃을까 봐 갖는 두려움, 내 소득이 없어졌을 때 내 가족이 노숙자처럼 될 것이라는 두려움”이 우리 마음속에 단단히 뿌리박히는 과정에서 집단적 상흔트라우마이 발생하며, 이는 “자본과 권력에게는 매우 강력한 무기”가 된다고 설명한다. 또, 강수돌은 한국 사회는 오랜 경제 발전 과정에서 상흔의 축적을 겪어 왔으며, 1997년 외환위기 이후 모든 사람의 삶 전반에서 새로운 층의 상흔이 발생하였다고 설명한다.

자본주의 초기에서 포디즘, 포스트포디즘에 이르기까지 자본주의의 역사는 노동에 대한 폭력의 역사이다. 자본주의 초기에 만들어진 "피의 입법"들은 가난한 사람을 강제로 노동하는 주체가 되게 하기 위한 무지막지한 폭력이었다.

예를 들어, 빈민구제법은 빈민을 구제하기 위해서 만든 법이 아니라 떠돌아다니는 부랑자를 잡아서 강제적으로 노동을 시키는 법이었다. 노동하지 않고 떠돌아다니며 구걸이나 하는 사람을 가혹하게 처벌하여 노동 규율을 확립하는 것이 목적이었다. 이런 수백 년간의 폭력을 통하여 규율 잡힌 노동계급이 출현하였고 전반적으로 규율 잡힌 사회가 탄생하였다. "이 사회는 노동 위에 존재하는 노동 사회 work society"라고 하이데는 규정한다.

포디즘-복지국가 단계에서 사람들의 자유는 소비 세계의 자유였다. 반면, 공장 같은 생산 영역에서는 컨베이어 벨트 시스템에서 볼 수 있듯이 자유가 결핍되어 있었다. 자유 대신 명령과 통제가 생산 영역을 지배하고 있었고 통제를 위한 관료주의의 확장을 초래하였다. 이에 대한 자본과 노동 양쪽의 불만에 기초하여 유연한 생산 체제인 포스트포디즘이 등장했다. 포스트포디즘은 탈관료화되었고 작업장에서 더 많은 자유를 약속하였다. 그러나 그 더 많은 자유란 노동자의 더 많은 자기 책임에 불과하다.

국가와 기업이 책임져야 하는 고용의 증가는 이제 개인이 책임져야 하는 고용 가능성으로 바뀌었다. 고용 가능성은 미국이 클린턴 시절에 신경제정책으로 전환하면서 만들어 낸 신조어로, 노동자가 그들 자신을 극한까지 스스로 착취하도록 만드는 체제이며 여기에 기초하여 신자유주의 자유 개념이 전개되었다.

자유라는 이름의 폭력은 두려움을 낳고 두려움은 노동자에게 집단 상흔으로 작동한다. 그리고 이 두려움은 곧 "두려움에 대한 두려움"으로 전환한다. 이것은 약함에 대한 두려움이며 자기 자신에 대한 두려움이다. 자신이 약해서 이런 일을 당했다는 두려움 속에서 약자는 스스로를 강자와 동일시한다. 강수돌과 하이데는 이것을 "상흔 후 행위 장애 증후군 PTSD, Post-Traumatic Stress Disorder, 외상 후 스트레스 장애"이라고 한다. 이처럼 공포가 절대 극복될 수 없다는 절망 속에서 약자는 스스로의 가능성조차 부정해 버린다. 그 개인적 결과가 중독이며 경쟁의 내면화이다. 노동자가 극복해야 하는 것은 자본뿐만이 아니라 그 자신이기도 하다는 결과는 이런 이유에서 나오게 된다.

4. 생명과 신자유주의

상품이 된 인간의 몸

인간의 몸이 어떻게 엔지니어링과 마케팅의 대상이 되는지를 잘 보여 주는 책으로는 앤드류 킴브렐의 《휴먼 보디숍》을 들 수 있다. 이 책의 추천사에서 제레미 리프킨은 인간의 몸이 잘게 잘게 조각나서 상품화되고 있는 현실을 "인체의 식민화"라고 했다.

인간의 몸에 대한 인류의 지식이 성장하는 매순간은 "상업적 요구를 수반"하고 있으며, 인간의 몸 구석구석을 "이윤을 위해 징발"하고 있다. 사람의 피에서부터 정자, 난자에 이르기까지 사람의 모든 기관, 조직, 유전자, 갓난아기까지 상품으로 등장하는 자유 시장은 이미 우리가 원하든 원하지 않든 우리의 현실이 되었다.

이 책의 내용은 끔찍할 정도이다. 미국의 샌디에이고 주간 신문에는 정기적으로 당신의 병력이 돈벌이가 될 수 있다는 광고가 실리고 있다고 한다. 광고를 내보내는 의학연구소에서는 홍역이나 피부 결핵, 간염 등과 같은 병을 앓은 경험이 있는 사람의 혈액에서 혈장만을 추출하고 나머지는 다시 그 사람의 몸에 주입한다. 혈장에는 혈액 응고제라든가 면역 성분과 같은 값비싼 혈액 생산품이 포함되어 있고 이 가운데 가치가 있는 성분을 가진 사람을 찾기 위해서 광고를 낸다는 것이다. 이 밖에도 인간의 장기,

태아, 유전자 등이 어떻게 상품으로 팔려 가고 있는지에 대한 수많은 끔찍한 사례가 실려 있다.

이 책이 주는 아이러니한 교훈은 다음과 같다. 어떻든 지난 반세기 동안 인권은 그 무엇으로도 침해할 수 없는, 지구적인 보편적 가치로 자리를 잡았다. 그런데 이렇게 한쪽에서는 사람이 침해될 수 없는 "고귀한 존재"로 취급되는 동안, 다른 한쪽에서는 아이러니하게도 "사람은 상품이 아니지만 사람의 기관과 기관이 생산하는 것은 상품으로 판매될 수 있는 것"이 되었다. 곧 인간의 "전체는 상품이 아니지만 부분은 상품"인 것이다!

생명공학 시대와 전 지구적 시장화

생명공학 시대의 건강과 의료가 어떻게 전 지구적으로 시장화의 길을 걸었는지에 대해 좀 더 학문적인 논의가 궁금하다면 박연규·백영경의 《프랑켄슈타인의 일상》을 권한다. 생명공학은 처음 출현했을 당시 인간이 직면한 문제에 대한 해결책으로 제시되었다. 그러나 실상 생명공학은 인간을 두 부류로 가른다. 그것을 해결책으로 받아들일 수 있는 사람과 그렇지 않은 사람으로 나누어지고, 그 경계의 바깥에 내몰린 사람은 그 해결책으로부터 완전히 배제된다.

예를 들어, 정기 건강 검진은 신자유주의가 인간의 몸을 무엇으로 취급하는지 잘 보여 준다. 정기 건강 검진은 몸의 상태를 점검하기보다 "어떠한 삶이 더 가치 있는 삶"인지 판단하는 역할을 한다. 정기 건강 검진에 의해 인간의 "건강은 패키지"가 되며 이

패키지를 살 능력이 없는 사람의 삶은 가치가 없는 것으로 전락한다.

해결책의 바깥에 위치한 사람은 "충분한 정보"를 가지고 현재의 테크놀로지에 대해 "자유로운 선택"을 할 수 있는 사람을 위한 실험체가 된다. 난자 제공의 예만 보더라도, 구매력이 있는 사람은 전 지구화된 시장에서 자유로운 선택을 한다. 반면 경계 밖의 "괴물"은 난자를 제공할 때, 그들에게 충분한 정보가 전달되었고 자발성과 동의에 의해 난자를 기증했다고 받아들여진다. 따라서 그들이 겪게 되는 감각과 고통이라는 "구체적 현실"은 얘기될 필요 없다고 취급받는다. 이들은 침묵하는 괴물에 지나지 않는다.

의료 관광은 전 세계에서 가장 급성장하고 있는 서비스 산업 가운데 하나이다. 인도는 이 분야에서 단연 선두를 달리고 있다. 인도 정부의 권장으로 의료 비자도 생겼으며 전 지구화된 상품을 내놓는 병원에 대해서는 많은 인센티브를 제공하기도 한다. 인도의 의료 관광은 매년 30%씩 성장하고 있으며 2012년에는 그 규모가 10~20억 달러에 이를 전망이다.

이제 의료와 건강은 할인 판매도 가능하게 되었다. 생산 자본이 값싼 노동을 찾아 지구를 떠돌아다니듯 "가격 효율성"이라는 이름으로 환자를 전 세계에서 끌어들인다. 그러나 이런 의료 관광은 전형적으로 성공률은 부풀리고, 부작용은 최소화하여 이야기한다.

또한 높은 의료 윤리와 까다로운 절차를 요구하는 서구에 비해 간결한 절차를 강조함으로써 의료 서비스의 상업화가 초래할 수 있는 위험에 대한 규제를 무력화시킨다.

인도의 경우, 이러한 최첨단 산업이 어떻게 전근대적인 가부장제와 카스트 제도를 재생산하고 강화하는 데 도움이 되고 있는지가 흥미롭다.

보조 생식 기술이나 태아 성별 감별은 남아 선택을 가능하게 함으로써 인도의 남아 선호 사상을 더욱 강화하고 여성의 지위를 약화시킨다. 더 나아가 "정자에도 카스트"가 존재한다. 일례로, 불임 부부를 유치하면서 의료 자본은 그 정자가 릭샤 오토바이를 개조한 인도의 운송 수단 운전수의 것이 아님을 강조한다고 한다.

생명공학은 불임이나 난치병 같은 인간의 슬픔을 극복한다고 선전하지만, 이처럼 사실은 우생학에 가까워지고 있다. 이 우생학은 나찌가 몰아붙였던 막무가내 우생학이 아니라, 유전학적으로 정상화를 만들어 준다는 기제와 개인주의가 결합하여 만들어진 유연한 우생학이다. 이 우생학에서도 선택의 자유는 다시 한 번 강조된다. 소인증이나 연골무형성증을 가진 몸은 사지 연장술 같은 고통스러운 정상화 기술과 "남과 다르게 살아가는 삶" 속에서, "자유에 복종하고 선택의 힘에 강요당하는 몸"이 된다.

"자신의 생물학적 자산을 선택하고 향상시키는 자기 형성의 테크놀로지" 시대이다. 선택은 다시 한 번 인간에게 가장 중요한 가치이자 행동이 되는 셈이다. 물론 그 선택의 결과는 개인이 책임져야 한다.

다른 한편, 발달한 의료 기술의 혜택을 받기 위해서 장애를 가진 사람은 스스로를 장애자로 등록해야 하는 역설에 빠진다. 소인증 같은 경우에도 키가 얼마인가에 따라서 장애인인지 그저 개인적 특성인지 여부가 갈린다. 장애로 판명이 나면 개인이 감당하기에는 엄청난 고가의 기술인 최첨단 의료 기술을 제공받을 수 있도록 국가로부터 재정적 지원을 받을 수 있다. 미래에 정상의 범주에 들어가기 위해서 현재의 스스로를 장애로 등록해야 하는 역설이 벌어지는 셈이다.

사람들은 "사회복지 혜택에 대한 선택적인 접근"을 요구한다. 이것이 바로 "생물학적 시민권"이다. 이처럼 최첨단 의료 기술의 발달은 단지 의료 해결책으로서만 등장하지 않았다. 그것은 법적이고 정치적이며 사회학적인 새로운 치열한 문제와 투쟁을 낳았다. 해결책이 아니라 새로운 문제의 탄생이다.

5. 벌거벗은 생명과 에이즈

신성한 인간

예외가 되어 탈락의 나락으로 떨어져 존재 자체가 말살된다는 것은 조르조 아감벤의《호모 사케르》에서 전적으로 빌려 온 개념이다. 아감벤에 따르면 정치의 원초적인 형태는 추방이다. 이 추방은 권력 바깥으로의 내침이 아니라 권력 안쪽으로의 내침이다. 만약 존재가 권력 바깥으로 내쳐진다면 더 이상 권력의 관할 소관이 아니지만, 권력 안쪽으로의 추방은 오히려 배제의 형태로 권력에 포함되는 상태를 뜻한다. 이런 추방이 권력에 포함되어 있는 벌거벗은 생명을 만들어 낸다.

"배제를 통한 포함"이나 "권력에 포함되는 벌거벗은 생명"의 가장 좋은 예는 단속에 걸려 윗옷이 찢긴 채 경찰차에 강제 이송되고 있는 미등록 이주 노동자이다. 이들은 자신을 관할 소관이 아니라고 내친 권력에 완전히 에워싸여 모든 권리를 박탈당한 상태에서 짐승 취급을 받게 된다. 이것이 바로 권력에 포함되어 있는 벌거벗은 생명의 모습이다.

누구를 언제, 어떻게 추방을 통해 예외적으로 벌거벗은 생명으로 다룰지가 바로 주권 권력이 가장 세심하게 생각하고 고안하고 다루는 문제이다.

순수하게 발가벗겨져서 권력의 진지한 탐구에 맡겨진 것이 바로 아우슈비츠 같은 집단 수용소이다. 이 집단 수용소는 현재에도 지구 곳곳에, 우리 사회 도처에 있다. 분쟁 지역에 숱하게 많은 난민촌이나 난민 보호소가 그렇다. 한국도 예외는 아니다. 몇 년 전 화재로 10명이 숨지는 참사가 벌어졌던 여수 출입국 관리 사무소의 외국인 보호소나, 전격적인 경찰 진입 작전으로 철거민 5명이 목숨을 빼앗긴 용산 재개발 구역 역시 바로 이런 집단 수용소이다. 또한, 일제고사를 반대하였다는 이유로 강제로 교사를 학생과 격리시키고, 학교 건물의 셔터를 내려 아이들을 오도 가도 못하게 가두어 버린 그곳 역시 집단 수용소이다. 아감벤의 시선으로 본다면 우리 사회는 이미 대부분이 집단 수용소가 되어 버렸다.

정치적인 인권

인권의 실상을 가장 통찰력 있게 간파한 사람은 독일의 철학자 한나 아렌트이다. 그녀는 《전체주의의 기원》에서 아주 짤막하게 인권에 대해서 언급한다. 그러나 그것만으로도 인권의 핵심을 찔렀다. 인간이 순수한 인간이 되는 순간에 박탈당하는 것이 인권이라고. 달리 말하면, 인간은 인권을 가지기 위해서는 순수한 인간이 아니라, 어디에 소속된 무엇인가가 되어야만 한다. 즉, 인권의 실체는 시민권이다. 우리는 한 국가의 시민이 됨으로써만 비로소 인권을 가지게 되며, 소속 없이 순수한 인간일 때는 아무런 권리도 가지지 못한다.
따라서 나의 국적이 무엇인가가 현대 정치에서는 가장 중요하다. 인간의 벌거벗은 출생이 가장 정치적인 사건이 된다. '누가 순수한 독일인인가?'라는 질문에 나치가 그토록 천착한 것도 바로 이런 정치적인 이유에서였다. 그것은 누구를 진지하게 다루고 누구를 진지하게 다루지 않아도 되는지에 대한 너무나 진지한 질문이었다. 즉 오늘날의 권력은 생물학적 생명을 정치화해서 그 배제와 차별을 예외의 방식으로 정당화하는 셈이다. 따라서 벌거벗은 생명은 그저 자연 상태로 내동댕이쳐진 것이 아니라 가장 정치적이고 정치화된 사건이 된다.

벌거벗은 생명이 되어 인권의 주체가 되지 못한 이들은 그저 인도주의의 대상일 뿐이다. 난민촌에 있는 사람은 인간의 존엄성을 지킨다는 이름으로 그저 죽지 않을 만큼, 딱 그만큼의 음식과 주거만을 보장받는다. 이들이 가지고 있는 인도주의적 권리는 인간으로서의 권리가 아니라 짐승으로서의 권리이다. 생물학적인 생명만을 유지할 수 있는 마지노선에 걸린 삶만이 보장되며, 그 외의 인간 존엄성은 오로지 다른 사람의 손에 전적으로 내맡겨져 있기 때문이다.

짐승의 권리

알랭 바디우의 《윤리학》은 인권이 사실은 짐승의 권리에 불과하다며, 인권의 윤리가 가진 허구성을 통렬하게 파헤친 책이다. 바디우에 따르면 인권은 피해자의 권리에 불과하다. 인권은 피해자 너머에 대해서는 결코 사유하지 않는다. 따라서 인권을 한층 더 절박하게 주장하기 위해서는 자기 자신을 계속해서 피해자의 상태로, 절규하는 짐승의 상태로 묶어 두어야 한다. 이처럼 인간이 아닌 상태에서만 인권을 이야기할 수 있다는 점이 인권의 가장 기만적인 모습이다. 인권은 근본적으로 수동적이며 반동적인 것이다.

바디우는 인권에 대한 논의가 얼마나 기만적인지를 죽어 가는 환자의 예를 통해 예리하게 비판한다. 인권이나 생명 윤리를 운운하는 의사는 이 환자가 자신이 다루어야 하는 환자인지 아닌지를 토론한다. 이 밖에도 여러 가지 고려 조건을 가지고 윤리적 상황에 대해서 온갖 이야기를 늘어놓을 것이다. 그러나 바디우가 보기에 이 환자를 치료하는 데는 이 환자가 치료를 요구하고 있다는 구체적인 임상적 상황, 그 하나면 족하다. 다른 어떤 것도 고려할 필요 없이 의사로서 해야 할 일, 바로 치료를 하면 된다. 만약 환자가 치료를 요구하는 상황 외에 어떤 "윤리적 고려"가 필요하다면 그 자리에 의사가 아니라 경찰이 필요하다고 바디우는 조소한다.

은유로서의 에이즈

에이즈가 단순한 질병이 아니라, 우리 사회가 인간을 배제하고 차별하는 방식의 하나라는 이야기는 수전 손택의 《은유로서의 질병》과 에드워드 렐프의 《장소와 장소상실》에서 많은 생각을 빌려왔다. 인간답다는 것은 "의미 있는 장소로 가득한 세상에서 산다"는 뜻이다. 즉 "자신의 장소를 가지고 있으며 그 장소를 잘 알고 있다"는 뜻이기도 하다. 따라서 장소를 빼앗긴 인간은 의미의 공간을 빼앗긴 인간이며 존재를 상실한 인간이다.

그런데 왜 하필이면 에이즈가 사람으로부터 장소를 박탈할 수 있는 권리를 국가와 다른 사람에게 넘겨준 참혹한 질병의 대명사가 되었을까? 수전 손택이 보기에 에이즈는 그저 질병이 아니라 은유이다. 자유로운 삶을 개탄하고 멸시하며 성적 타락과 방종, 그에 따른 자연과 신의 징벌을 기다리던 보수주의자들에게 바로 에이즈의 등장은 자유를 향해 복수를 가할 수 있는 절호의 찬스였다. 에이즈는 이들에게 이중적인 군사적 은유를 제공하였다. 바이러스는 나도 모르게 어느새 내 몸에 침투해 온다. 그러고는 내 몸의 세포 하나하나를 공략하고 파괴해 간다는 질병 자체의 은유이다. 다른 한편으로는, 에이즈 감염인이 어느샌가 우리 사회에 스며들어, 조금만 방심하더라도 이들에 의해서 감염되고 사회가 위험에 처하게 된다는 은유가 있다. 에이즈라는 군사적 공격에 의해 감염인의 몸도, 감염인을 통해 우리 사회도 모두 위험에 처해 있으며, 비상 사태에 걸맞은 예외적인 조치가 필요함을 설파하는 데 더할 나위 없이 좋은 은유이다. 이 은유를 통해 에이즈 감염인이라는 특정한 집단에게 작동하는 예외적인 생명 정치는 정당성을 획득한다.

또한 에이즈의 출현과 더불어, 나의 욕망을 실현시켜 주고 나누는 성적 파트너가 언제 나의 목숨을 노리는 바이러스 덩어리로 작동할지 모른다는 공포가 엄습했다. 그 공포는 자유로운 성을, 내 몸은 내가 관리하고 지켜야 한다는 자기 관리의 문화로 전환시켰다. 누구를 만나 억제할 수 없는 욕망을 느끼더라도, 죽지 않기 위해서는 상대방을 믿어서는 안 되고 스스로 내 몸을 방어해야 한다. 결국 자기 관리란 욕망 실현이 아니라 공포에 기반한 삶의 기술인 셈이라고 손택은 이야기한다.

6. 신자유주의 시대의 전쟁과 테러

지구의 군사화

금융과 무역의 세계화는 순수하게 경제 내적인 힘으로 전개되어 왔다기보다는 침공이나 전쟁, 무자비한 탄압 같은 "지구의 군사화"와 함께 전개되었다. 지구가 시장화되면서 점점 더 그 시장은 경제 외적인 강제력에 의존하여 왔다. 이것이 금융 세계화의 이면인 무장한 세계화Armed Globalization이다.

세계화가 군사주의를 강화할 수밖에 없는 이유에 대해서는 스티븐 스테이플이 쓴 〈세계화가 군사주의를 강화하는 10가지 방법들〉이라는 짧은 선언문 형식의 글에 잘 나타나 있다. 스테이플은 기업 주도의 신자유주의 세계화 질서가 모든 분야에서 국가의 역할을 축소하지만, 안보 분야만은 예외로 남겨 두고 오히려 강화하였다고 이야기한다. 안보는 국제무역에서도 예외 조항이 되었으며, 사회적 규제와 통제의 약화와 맞물려 전쟁과 전 세계의 군사화를 촉진시키고 있다.

10가지 방법 가운데 핵심적인 것들을 살펴보자. 1) 세계화는 민중의 불만을 고조시키고, 불만에 찬 민중은 테러와 군사적 행동을 요구하는 종교적 극단주의에 경도된다. 2) 기업 자체가 외국에서의 이익 보호를 위해 군사적 보호를 요구한다. 3) 민중의 지구화된 시위에 맞서 무장 경찰력에 점점 더 의존하게 된다. 4) 무역에서의 안보 예외 조치는 군사 지출을 무제한적으로 허용한다. 5) 세계화에 의해 촉발된 인종, 종교 갈등은 전쟁의 좋은 조건이 된다. 6) 세계화에 따라 선진국에서 산업 시설은 제3세계로 빠져나가고, 그 자리를 최첨단 기술로 무장한 군수산업이 차지하여 선진국의 군수산업화를 촉진시킨다. 7) 신자유주의 세계화가 강화되면서 시민이 평화적인 방법으로 로비를 하여 자신의 이해를 관철시킬 수 있는 수단은 점점 더 줄어들게 된다.

결국 신자유주의 사회에서는 국가 통치의 군사화와 사회 운동의 범죄화, 그 결과 아래로부터 민중 운동의 무장화 모두가 촉발되고 있다. 아룬다티 로이의 《보통 사람들을 위한 제국 가이드》는 이를 가장 잘 보여 주고 있다. 로이는 개발에 의해 궁지에 몰린 민중의 저항이 언론의 구미에 맞는 볼거리 스펙터클로서의 저항인 "상징적 행위"를 넘어, 마을 봉쇄나 삼림 점유와 같은 "진정한 시민 불복종"으로 전환하면 국가가 얼마나 무자비하게 탄압하는지 여러 사례를 들어 잘 보여 주고 있다. 그녀는 이것을 "기업이 주도하는 세계화 시대에 가난은 범죄이고, 더 가난해지는 데 항의하는 것은 테러"가 되었다고 일갈한다. 신자유주의적 개발의 희생자가 "희생자로 남기를 거부할 때 그들은 곧 테러리스트가 되는" 것이다.

이와 함께 아룬다티 로이의 《생존의 비용》은 신자유주의 세계화 시대에 아이러니하게도 개발지상주의와 민족주의가 어떻게 서로 손을 맞잡고 민중을 죽음으로 몰아넣는 국가의 테러로 귀결되는지에 대한 섬세한 보고서이다.

이런 상황을 안토니오 네그리가 《다중》에서 한 얘기를 빌려 표현하자면, 우리는 지금 "항구적 전쟁"의 상태에 놓여 있다. 전쟁은 인간의 역사에서 늘 있어 왔다. 그런데 지금 인류가 직면하고 있는 전쟁은 그 경계가 불명확해졌다. 누가, 누구를 대상으로, 어디서, 언제부터, 언제까지 하는 것인지 너무나 모호하다. 미국의 아프가니스탄과 이라크에 대한 침공은 끝이 났는가, 계속되고 있는가? 그 전쟁의 시작은 9.11 테러인가, 부시가 전쟁을 선언한 순간인가? 그 전쟁은 알 카에다를 대상으로 하고 있는가, 이라크 국민, 혹은 전 세계에 흩어져 있는 테러리스트 모두를 대상으로 하고 있는가? 이라크에서 빈번하게 발생하고 있는 자살 폭탄 테러는 미국을 상대로 한 국제 정치인가, 이라크 정부를 대상으로 한 국내 정치인가? '테러와의 전쟁' 이후 선포된 미국의 애국법이 잠정적으로 테러리스트라고 보는 존재는 혹시 미국 국민 전체는 아닐까? 그렇다면 미국은 자국민을 대상으로 전쟁을 하고 있는가?

이제 전쟁은 인간의 삶에서 결코 예외가 아니다. 전쟁 그 자체가 이미 우리 삶 깊숙이 들어와 있으며, 우리의 일상을 구성하고 있다. 네그리는 "전쟁이 사회적 위계를 창출하고 유지하는, 질서 부여적이고 규제적인 활동, 즉 사회적 삶의 증진과 규제를 목표"로 하는 상황이 되었다고 이야기한다. "항구적이고 조절이 된" 폭력의 사용이 사람들을 "훈육하고 통제하기 위한 필수조건"이 되었다는 뜻이다.

그 결과, 과거에는 제네바 협정 같은 국제적인 규범에 의해 전쟁이 규제되었는데, 이제는 반대로 "전쟁이 그 자신의 법적 틀을 구축하고 부과함으로써 규제하는 주체"가 되었다. 이렇기 때문에 "인권과 자유의 나라" 미국에서 국민의 자유를 무제한적으로 제한하는 애국법 같은 반테러법이 나타날 수 있었다. 법이 전쟁을 통제하는 것이 아니라, 전쟁이 법을 통제하고 새로운 삶의 형식을 만들어 낸다. 네그리는 "전쟁이 삶을 파괴하기만 하지 않고 삶을 창조"하고 있다며, 그 새롭게 창조되고 있는 삶이 어떠한 것인지 검토해야 한다고 주장한다.

테러에서 사유하기

이 모든 것의 시작점이자 인간 역사의 전환점으로 이야기되는 것이 9.11 테러이다. 테러는 '살리는 것이 목적'인 국가를 획득하기 위해 일어나지 않는다. 오로지 '죽임을 통해 스스로를 드러내는' 새로운 폭력의 등장일 뿐이다.

테러리즘은 "미래를 향해 열려 있지 않다"는 최악의 특징을 가지고 있다. 그에 맞서 "자유를 지키기 위해 자유를 제한"하는 "테러와의 전쟁"은 정당화되었다. 국가 스스로도 더 이상 테러에 관한 한 스스로를 "살리는 권력"이 되도록 노력할 필요가 없다. 오히려 "죽이는 권력"에 맞서 더 강하게 "죽이는 권력"으로 스스로를 변모시킨다.

프랑스의 철학자 자크 데리다는《테러 시대의 철학》의 저자 지오반나 보라도리와의 인터뷰에서, 9.11 테러가 그렇게 분명한 역사의 전환점이며 사건인가에 대해 해체를 시도한다. 우선 9.11을 일으켰다는 테러리스트는 "미국의 바깥에서 온 괴물", 절대적인 타자로 이야기되지만 사실 그들은 "오랫동안 자주, 다양한 서양식 방법으로, 서양에 의해 양성되고 훈련되고 심지어 무장한 사람들"이다. 또한 9.11이 미국 국토 내에서의 최초의 공격인 듯 이야기하지만, 그전에 이미 오클라호마에서도 폭탄 테러가 있었으며 국제무역센터를 대상으로 한 공격 시도도 여러 번 있었다. 사실, 무엇을 테러라고 해야 할지도 분명하지 않다. 예를 들어, 데리다는 "죽게 내버려 두는 것은 테러가 아닌가?"라고 되묻고 있다.

이처럼 9.11은 철저하게 낯설고 새로운 사건이 아니라 이미 오래전부터 익숙해져 있던 사건이다. 이렇게 본다면 9.11은 "다만 상상력에 충격을 가하려는 목적으로 구식 극장에서 상연된 폭력"에 지나지 않을지도 모른다. 그러기에 데리다는, 언젠가는 "9.11이야말로 그 옛날의 마지막 전쟁"이었고, "그때까지만 해도 모든 것은 여전히 거대 질서에, 즉 가시적인 질서"에 속해 있었으며, 사실 "세상은 그때 이후로 더 나빠졌다"고 회고하게 될지 모른다고 말한다.

데리다의 논의에서 우리는 9.11이 대사건이 되는 것이 어떤 효과를 생산하는가에 대한 물음을 끌어와야 한다. 데리다가 말하듯이, 9.11에서 중요한 점은 결코 사망자의 숫자, 미국이 진주만 습격 이후 최초로 공격되었다는 듯한 인상, 공격자가 외부에서 왔다는 허구가 아니다. 데리다에 따르면 9.11에서 중요한 점은, 적마저도 의존하고 있던, 미국이 주도하는 세계 질서가 공격을 받았다는 사실을 넘어, 세계에 대한 우리의 해석 체계가 공격을 받았다는 것이다. 우리가 9.11을 끊임없이 읊조리는 이유는 지금의 언어로는 그것의 의미를 명확하게 드러낼 수 없기 때문이다. 우리는 9.11이라는 숫자로 이 사건을 기념비화하면서, 오사마 빈 라덴이 미국이 키워 온 세력이라는 사실이나, 테러와의 전쟁이라는 우리 시대의 자살 시도를 결국은 덮어 버리고 있는지도 모른다. 이것이야말로 우리가 정말로 사유해야 하는 것들인데도 말이다.

7. 신자유주의 시대의 민주주의

아무개들의 민주주의

21세기에 민주주의는 우리가 직면하고 있는 많은 문제의 해결책이라기보다는, 오히려 문제의 일부가 되어 버린 듯하다. 반공주의자는 동구의 몰락 이후에 전 세계가 민주주의로 일원화되면서 역사의 종말을 선포하였지만, 정작 우리는 한편에서는 민주주의의 위기를, 다른 한편에서는 민주주의에 의해 초래된 위기를 목도하고 있기 때문이다. 민주주의의 위기는 미네르바 구속, YTN 사태, 공중파 방송국의 눈엣가시 진행자 교체 등에서 확연히 알 수 있다.

또한 이 민주주의의 위기가 선출된 권력에 의해서 자행되고 있다는 사실은 "민주주의에 의해 초래된 위기"를 반증한다. 한국뿐만이 아니라 전 세계적으로 민주주의에 의해 선출된 권력이 민주주의를 억압하고 제한하는 일은 비일비재하게 일어나고 있다.

이런 상황에서 우리는 민주주의를 거부해야 할지, 민주주의를 다시 상상해야 할지 첨예하게 논쟁을 벌이고 있다. 앞에서 얘기한 "아무개들의 민주주의"라는 개념은 프랑스의 철학자 자크 랑시에르의 《정치적인 것의 가장자리에서》에서 영감을 얻었다.

랑시에르에게 민주주의는 "합의와 동의"와는 아무런 상관이 없는 말이다. 다수결, 합의나 동의는 그 사회에서 이미 목소리를 가지고 있는 이들이 협상하고 타협하는 과정이다. 이에 반해 민주주의는 그 협상의 테이블 바깥에 놓인 이들, 그 사회에서 자신의 몫을 가지지 못한 "아무개들"이 자기 몫을 주장함을 뜻한다. 이렇게 본다면 민주주의의 주체는 국민이 아니라 "아무개들"이다.

랑시에르의 논의에서 가장 주목할 만한 대목은 자기 "몫이 없는" 아무개들이 능력이 없거나 시혜를 바라는 존재가 아니라는 점이다. 민주주의를 주장하는 많은 이들은 아무개들이 우리 사회의 혜택으로부터 배제되어 있음에 주목하며 그들 역시 우리와 "동등하게" 대접받아야 한다고 주장한다. 그러나 랑시에르가 보기에 이 아무개들은 평등을 단지 "요구"만 하지 않고 "주장"한다. 이 과정에서 아무개들은 주장할 수 있는 능력, 참여할 수 있는 능력을 입증한다. 아무개들의 동등함은 이들이 받아야 하는 "몫의 동등함"이 아니라, 이들의 "능력의 동등함"에 있다.

랑시에르가 집요하게 파헤치고 있는 아무개들의 동등한 능력은 그의 책 《무지한 스승》에 잘 나타나 있다. 교육, 혹은 가르치고 배우는 것의 목적은 해방이다. 해방이란 "모든 인간이 자기가 가진 지적 주체로서의 본성을 의식하는 것"이다. 랑시에르는 데카르트의 "나는 생각한다, 그러므로 나는 존재한다."라는 명제를 뒤집어, "나는 인간이다, 그러므로 나는 생각한다."라는 평등의 전제를 이야기한다. 해방은 이 평등에 대한 의식이다. 따라서 랑시에르는 "해방하지 않고 가르치는 자는 바보를 만든다."고 주장한다.

랑시에르에 따르면, 스승의 역할은 "모든 보통 사람이 자신의 인간으로서 존엄함을 파악하고, 지적 능력의 진가를 알아보며, 그 능력을 쓰기로 결정"할 수 있도록 북돋우는 일이다. 또한 "한 명의 무지한 자가 이 일을 할 수 있었다면, 다른 무지한 자들도 언제나 이것을 언제나 할" 수 있다. "무지에는 위계가 없기 때문"이다.

이를 위해서는 "지적 모험을 통해 스스로 유식하다고 하는 자들이 알지 못하는", "지적 능력의 평등이 주는 혜택"을 널리 모든 사람들에게 알리는 일이 중요하다. 이러한 지적 능력의 평등함을 통해 무지한 자들은 "아는 것을 넘어 행하게" 되고 "행한다는 것은 소통한다는 것"임을 깨닫게 된다. "소통하는 것은 자신의 능력을 입증하는 일"이며, 이 소통을 통해 "서로 공감하며 해방된 자들의 세상"을 꿈꿀 수 있게 된다는 것이다.

다중의 민주주의

우리 시대의 민주주의가 어떤 처지에 놓여 있으며 어떤 민주주의가 가능한지에 대해서는, 앞에서도 얘기한 안토니오 네그리의 《다중》의 제3부 〈민주주의〉가 참고할 만하다. 네그리는 민주주의의 위기에 대한 다양한 주장을 검토한 뒤, 지금 민주주의의 위기가 "만인에 의한 만인의 지배", "제한 없는 민주주의", "어떤 조건도 양보도 없는 민주주의"라는 "민주주의의 옛 의미들을 되돌릴 수 있는 기회"라고 주장한다. 따라서 "근대의 민주주의 기획은 아직 끝나지 않았으며, 오히려 근대 초기의 혁명가처럼 민주주의 개념을 '재창안'하고 새로운 '제도적 형식들과 실천들을 창조'하자고 제안"한다.

네그리가 보기에 민주주의의 새로운 가능성은 도처에서 발견된다. 무엇보다 현재의 대의제 민주주의에 대해 전 지구적으로 불만의 목록이 늘어 가고 있다. 대의제 민주주의에 대한 일국적이거나 지역적인 수준의 불만부터, 신자유주의 세계화에 의해 초래된 경제적 불만, 전쟁이나 생태 위기 등이 초래하는 "삶-정치"적 불만에 이르기까지 전 지구적 항의 운동이 증가하고 있다.

이런 전 지구적 항의는 삶의 도처에서 수많은 개혁을 실험하고 있다. 현재 상태에서 개혁에 대한 요구는 몇몇 근본주의자가 비판하듯이 혁명과 대립되지는 않는다. 오히려 "현재 이루어지고 있는 변형의 역사적 과정"이 너무나 근본적이기 때문에 "개혁적 제안조차 혁명적 변화"에 이를 수 있다고 네그리는 주장한다.

네그리의 논의에서 가장 흥미로운 대목은 시간에 대한 해석이다. 네그리에 따르면, 대의제 민주주의, 혹은 현재 한국에서도 많이 주장되는 직접 민주주의는 "저녁의 민주주의"이다. 우리의 시간은 철저하게 경제적인 시간과 비경제적인 시간으로 나누어져 있다. 낮에는 노동을 하고 밤에는 휴식하거나 회합에 참여하여 정치를 한다. 그러나 인간의 시간이 이처럼 낮과 밤, 경제와 비경제, 비정치와 정치의 시간으로 나누어져 있는 한 다중의 민주주의는 실현되지 않는다.

네그리는 묻는다. 정말로 우리에게 필요한 것은 "더 많은 저녁"뿐인가?

이 질문을 통해 네그리는 "삶-정치"의 출현에서 다중의 민주주의가 출현할 수 있는 가능성을 찾는다. 그가 보기에 현재 우리의 삶은 이미 "삶-정치"적인 것으로 변하였다. "노동 자체도 네트워크화하여 네트워크 안에서 생산하고 혁신"한다. 네트워크 안에서의 노동은 그 자체로 이미 사회적이어서, "자유로운 소통과 교류의 가능성을 제공"한다.

이처럼 노동은 "단지 재화만을 생산하지 않고, 협력과 소통을 생산"하며 "경제적 생산이 사회적 소통이며 정치적 의사 결정"이 되게 하고 있다. 네그리가 보기에 낮과 밤이 경제와 정치로 나뉘는 것이 아니라, 노동의 변화에 따라 낮도 밤도 그 자체로 정치적인 시간이 될 가능성을 갖고 있다. 이처럼 공동으로 의사 결정을 할 수 있는 다중의 능력에 의해 민주주의는 가능해진다.

네그리의 논의에서 또 하나 주목해야 하는 대목은 다중의 잠재된 능력, 즉 활력이다. 새로운 민주주의는 자본에 의해 끊임없이 포섭되어 죽은 것이 되지만 결코 죽지 않는, 이 다중의 잠재력이 활력으로 솟아나는 과정이며 그 결과이다. 네그리는 이 민주주의를 직접 민주주의가 아니라 "다중의 민주주의", 혹은 "절대적 민주주의"라고 한다.

추모의 정치

추모에 대한 이야기는 주디스 버틀러의 《불확실한 삶》에서 많은 도움을 받았다.

우리는 애도와 추모가 대단히 사적인 행위라고 생각한다. 그러나 버틀러가 보기에 "슬픔은 정치 공동체의 복잡한 수준의 느낌을 제공"하고 "우리의 근본적인 의존성과 윤리적 책임감"을 강조한다.

슬픔을 통해 우리는 관계성을 깨닫게 된다. 슬픔은 내 삶이 나한테 온전히 맡겨진, 내가 통제할 수 있는 것이 아니라, 취약하고 남에게 맡겨져 있는 것임을 깨닫게 해 준다. 애도를 통해 우리는 "인간의 취약성에 대한 느낌, 물리적 삶에 대한 공동의 책임"으로 돌아갈 가능성을 갖게 된다. 이것은 부시가 이야기한 "애도를 끝내고 이제는 단호히 행동을 할 시간"이라는 선언과는 정반대되는 것이다.

사실 애도는 대단히 정치적인 행위이다. 그런데 아이러니하게도 국가가 애도를 주도할 때 그들은 애도를 이야기하면서 항상 부시처럼 "단호한 행동"을 이야기한다. 그들의 방식대로라면 결국 애도를 중단함으로써 애도는 이루어지고, 복수를 통해서만 애도는 종결된다.

하지만 버틀러에 따르면, 오히려 지금은 "단호히 행동하는 것을 멈추고 애도를 통해 삶의 취약성과 의존성을 확인해야 할 때"이다.

누구를 애도하게 되는가?

이 질문은 애도 또한 대단히 서열화되어 있음을 보여 준다. 살만한 가치가 있는 삶과 죽어도 되는 삶으로 나누어지는 데 그치지 않고, 죽은 자도 다시 추모될 만한 사람과 추모될 필요가 없는 사람으로 나누어진다.

그렇다면 추모될 필요가 없는 사람은 누구인가? 바로 이스라엘에 의해 살해된 팔레스타인 사람이든가 성적 소수자처럼 살아 있을 때에도 이미 그 "삶이 부인되었던 사람"이다. 이들은 살아 있을 때에도 존재하지 않던 사람이기 때문이다. 버틀러에 따르면 이들은 “죽음의 상태로 고집스럽게 계속 살아 있는 듯 보이기에 살해”된 사람이다. 따라서 이들을 애도하는 일은 이들에 대한 “공적 애도를 금하는 명령”에 도전하는 정치적 행위이다.

강정
EVISU

참고문헌

엄기호, 《닥쳐라, 세계화!—반세계화, 저항과 연대의 기록》, 당대, 2008

아이와 옹, 《Neoliberalism as exception(예외로서의 신자유주의)》, Duke University Press, 2006

조르조 아감벤, 《호모 사케르—주권 권력과 벌거벗은 생명》, 박진우 옮김, 새물결, 2008

샹탈 무페, 《정치적인 것의 귀환》, 이보경 옮김, 후마니타스, 2007

데이비드 하비, 《신자유주의—간략한 역사》, 최병두 옮김, 한울, 2008

김형기 외, 《현대자본주의 분석》, 한울, 2007

존 그레이, 《전지구적 자본주의의 환상》, 김영진 옮김, 창, 1999

더그 헨우드, 《월스트리트 누구를 위해 어떻게 움직이나》, 이주명 옮김, 사계절, 1999

찰스 R. 모리스, 《미국은 왜 신용불량 국가가 되었을까?》, 송경모 옮김, 예지, 2008

발레리 줄레조, 《아파트 공화국—프랑스 지리학자가 본 한국의 아파트》, 길혜연 옮김, 후마니타스, 2007

닉 데이비스, 《위기의 학교—영국의 교육은 왜 실패했는가》, 이병곤 옮김, 우리교육, 2007

박혜경, 〈신자유주의적 주부주체의 담론적 구성과 한국 중산층가족의 성격〉, 2008, 이화여대 여성학과 박사학위 논문.

지그문트 바우만, 《쓰레기가 되는 삶들—모더니티와 그 추방자들》, 정일준 옮김, 새물결, 2008

비비안느 포레스테, 《경제적 공포》, 김주경 옮김, 동문선, 1997

서동진, 〈자기 계발의 의지, 자유의 의지〉, 2005, 연세대학교 사회학과 박사학위 논문.

리처드 세넷, 《신자유주의와 인간성의 파괴》, 조용 옮김, 문예출판사, 2002

질 안드레스키 프레이저, 《화이트칼라의 위기—화이트칼라는 자본주의로부터 어떻게 버림받고 있는가?》, 심재관 옮김, 한스미디어, 2004

민가영, 〈신자유주의 시대 신빈곤층 십대 여성의 주체에 관한 연구〉, 2008, 이화여대 여성학과 박사학위 논문.

지그문트 바우만, 《유동하는 공포》, 함규진 옮김, 산책자, 2009

강수돌·홀거 하이데, 《자본을 넘어, 노동을 넘어—자본의 내면화에서 벗어나기》, 이후, 2009
앤드류 킴브렐, 《휴먼 보디숍—생명의 엔지니어링과 마케팅》, 김동광 옮김, 김영사, 1995
박연규·백영경, 《프랑켄슈타인의 일상—생명공학시대의 건강과 의료》, 밈, 2008
한나 아렌트, 《전체주의의 기원》, 이진우·박미애 옮김, 한길사, 2006
알랭 바디우, 《윤리학—악에 대한 의식에 관한 에세이》, 이종영 옮김, 동문선, 2001
수전 손택, 《은유로서의 질병》, 이재원 옮김, 이후, 2002
에드워드 렐프, 《장소와 장소상실》, 김덕현·김현주·심승희 옮김, 논형, 2005
스티븐 스테이플(Steven Staples), 〈세계화가 군사주의를 강화하는 10가지 방법들(Ten Ways Globalization Promotes Militarism)〉, 원문 http://www.rense.com/general41/prono.htm
아룬다티 로이, 《보통 사람들을 위한 제국 가이드》, 정병선 옮김, 이후, 2005
아룬다티 로이, 《생존의 비용》, 최인숙 옮김, 문학과지성사, 2003
아룬다티 로이, 《9월이여, 오라》, 박혜영 옮김, 녹색평론사, 2004
안토니오 네그리·마이클 하트, 《다중—제국이 지배하는 시대의 전쟁과 민주주의》, 서창현·정남영·조정환 옮김, 세종서적, 2008
지오반나 보라도리, 《테러 시대의 철학—하버마스, 데리다와의 대화》, 손철성·김은주·김준성 옮김, 문학과지성사, 2004
자크 랑시에르, 《정치적인 것의 가장자리에서》, 양창렬 옮김, 길, 2008
자크 랑시에르, 《무지한 스승—지적 해방에 대한 다섯 가지 교훈》, 양창렬 옮김, 궁리, 2008
주디스 버틀러, 《불확실한 삶—애도와 폭력의 권력들》, 양효실 옮김, 경성대학교 출판부, 2008

이 책을 쓰는 데 많은 사람의 도움을 받았다. 박사과정을 밟으며 들은 김현미 교수의 수업과 조한혜정 교수의 수업은 이 책에 나오는 많은 개념의 원천이다. 수업을 같이 들은 진숙과 정수, 고마마와 다른 대학원생 동료가 많은 자극과 영감을 준 것은 물론이다. 스리랑카의 루키나 홍콩의 칭, 프랑스의 앙뚜앙 신부와 같은 팍스 로마나(Pax Romana)의 친구들은 늘 나의 공부가 한국에 국한되지 않고 아시아의 맥락을 놓치지 않도록 도와준다. 진보신당의 토리나 타리, 그리고 '나누리+'의 미란 같은 친구는 에이즈 감염인과 성 소수자, 사회적 약자와 함께하는 일에서 게으른 내가 발을 못 빼도록 협박하는 정치적 동지이다. 끝으로 무엇보다 소심한 나를 때로 격려하고 때로 협박하며 옆에서 나의 온갖 신경질과 패악질을 다 받아 준 준석과 관호, 그리고 원에게 감사한다.